JORNAL IMPRESSO
da forma ao discurso

Laboratório

Serviço à Pastoral da Comunicação

Coleção Pastoral da Comunicação: Teoria e Prática

A. *Série Manuais* (aplica, na prática, os conteúdos laboratoriais realizados no Sepac)

  1. Rádio: a arte de falar e ouvir (Laboratório)
  2. Jornal impresso: da forma ao discurso (Laboratório)
  3. Publicidade: a criatividade na teoria e na prática (Laboratório)
  4. Teatro em comunidade (Laboratório)
  5. Internet: a porta de entrada para a comunidade do conhecimento (Laboratório)
  6. Oratória: técnicas para falar em público (Laboratório)
  7. Espiritualidade: consciência do corpo na comunicação (Laboratório)
  8. Vídeo: da emoção à razão (Laboratório)
  9. Mídias digitais: produção de conteúdo para a web

B. *Série Dinamizando a comunicação* (reaviva a Pastoral da Comunicação para formar agentes comunicadores)

  1. Dia Mundial das Comunicações Sociais – Maria Alba Vega
  2. Comunicação e liturgia na comunidade e na mídia – Helena Corazza
  3. Comunicação e família – Ivonete Kurten
  4. Pastoral da Comunicação: diálogo entre fé e cultura – Joana T. Puntel e Helena Corazza
  5. Homilia: a comunicação da Palavra – Enio José Rigo
  6. Geração NET: relacionamentos, espiritualidade, vida profissional – Gildásio Mendes dos Santos
  7. Comunicação e catequese (em preparação)

C. *Série Comunicação e cultura* (oferece suporte cultural para o aprofundamento de temas comunicacionais)

  1. Cultura midiática e Igreja: uma nova ambiência – Joana T. Puntel
  2. Comunicação eclesial: utopia e realidade – José Marques de Melo
  3. INFOtenimento: informação + entretenimento no jornalismo – Fábia Angélica Dejavite
  4. Recepção mediática e espaço público: novos olhares – Mauro Wilton de Sousa (org.)
  5. Manipulação da linguagem e linguagem da manipulação: estudando o tema a partir do filme *A fuga das galinhas* – Claudinei Jair Lopes
  6. Cibercultura: sob o olhar dos Estudos Culturais – Rovilson Robbi Britto
  7. Fé e cultura: desafios de um diálogo em comunicação – Celito Moro
  8. Jovens na cena metropolitana: percepções, narrativas e modos de comunicação – Silvia H. S. Borelli, Rose de Melo Rocha, Rita de Cássia Alves de Oliveira (orgs.)
  9. Comunicação: diálogo dos saberes na cultura midiática – Joana T. Puntel

JORNAL IMPRESSO
da forma ao discurso

Laboratório

Dados Internacionais de Catalogação na Publicação (CIP)
(Câmara Brasileira do Livro, SP, Brasil)

Jornal impresso : da forma ao discurso : laboratório / SEPAC – Serviço à Pastoral da Comunicação. — 3. ed. rev. e atual. — São Paulo : Paulinas, 2014. — (Coleção pastoral da comunicação : teoria e prática. Série manuais)

Bibliografia
ISBN 978-85-356-3787-8

1. Comunicação escrita e impressa 2. Jornalismo 3. Jornalismo – Técnica 4. Jornalismo como profissão I. SEPAC – Serviço à Pastoral da Comunicação. II. Série.

14-05437   CDD-070.172

Índice para catálogo sistemático:
1. Jornalismo impresso 070.172

3ª edição revisada e atualizada

Organização: *Equipe do SEPAC*

Elaboração do texto: *Rosane S. Borges, Fábia A. Dejavite e Helena Corazza a partir dos textos base dos profs. Roberto Elisio dos Santos e Fábia A. Dejavite. Projeto gráfico de Márcia Christina Ferreira.*

Direção-geral: *Flávia Reginatto*
Editora responsável: *Noemi Dariva*
Copidesque: *Mônica Elaine G. S. da Costa*
Revisão: *Simone Zaccarias*
Coordenação de revisão: *Andréia Schweitzer*
Direção de arte: *Irma Cipriani*
Gerente de produção: *Felício Calegaro Neto*
Projeto gráfico: *Cristina Nogueira da Silva*
Fotos: *Arquivo Paulinas*

Nenhuma parte desta obra poderá ser reproduzida ou transmitida por qualquer forma e/ou quaisquer meios (eletrônico ou mecânico, incluindo fotocópia e gravação) ou arquivada em qualquer sistema ou banco de dados sem permissão escrita da Editora. Direitos reservados.

Paulinas

Rua Dona Inácia Uchoa, 62
04110-020 – São Paulo – SP (Brasil)
Tel.: (11) 2125-3500
http://www.paulinas.org.br – editora@paulinas.com.br
Telemarketing e SAC: 0800-7010081

© Pia Sociedade Filhas de São Paulo – São Paulo, 2003

SEPAC – Serviço à Pastoral da Comunicação

Rua Dona Inácia Uchoa, 62 – 2º andar
04110-020 – São Paulo – SP (Brasil)
Tel.: (11) 2125-3540
http://www.sepac.org.br – sepac@paulinas.com.br

SUMÁRIO

APRESENTAÇÃO 7

1. CONCEITOS E PERCURSO HISTÓRICO DO JORNALISMO 9

Principais tipos de publicações impressas 13

Migração digital 14

Informação: unidade mínima do jornalismo 14

2. REPÓRTER 17

Características principais de um bom repórter 17

Produção da notícia 18

Pauta: onde tudo começa 20

Algumas dicas sobre a pauta 21

Modelo de pauta simples 22

Entrevista 24

Fontes de informação 25

Fontes 27

3. GÊNEROS JORNALÍSTICOS 29

Notícia 31

4. REDAÇÃO DA NOTÍCIA 35

Fórmula da notícia 35

Construção da notícia 37

Diversas categorias de *lead* 38

Exemplos de *lead* 38

Valorização da notícia pelo *lead* 40

Normas para padronizar a redação 45

5. EDIÇÃO...51

    Títulos..52

    O que se deve considerar num projeto de edição.............55

6. PROJETO GRÁFICO 65

    Como faço para produzir um jornal?...............................66

    Principais custos de produção...67

    Como os jornais são impressos na gráfica? 70

    Como posso criar um projeto gráfico? 72

    Alinhamento: o primeiro passo.......................................73

    Proximidade: organizando o conteúdo.............................76

    Contraste: valorizando o projeto 78

    Repetição: fortalecendo a criação 85

    Resumo..87

7. REFERÊNCIAS BIBLIOGRÁFICAS 91

APRESENTAÇÃO

Somos informados diariamente pelas notícias produzidas por jornais impressos e digitais. Fatos importantes, temas correntes, acontecimentos inusitados... Há quem diga, nomeadamente os entusiastas da comunicação, que sem a mídia só há o deserto. Se, por um lado, tal afirmativa sugere um certo exagero, por outro, aponta a importância de tornar visíveis nossas ações e movimentos, sob ameaça de inexistirem socialmente. Vivemos na era em que tudo, ou quase tudo, é posto em comum, é publicizado: os eventos públicos compõem um arco que vai desde comícios eletrônicos, minúcias da cena política, tragédia, até flagrantes inusitados...

Em meio a tudo isso, o jornal impresso ocupa papel de destaque. As páginas de um jornal condensam as práticas e movimentações diárias. Formato grande ou pequeno diário, semanal ou mensal, comercial ou comunitário, o jornal impresso é um meio fundamental no processo de visibilidade social e de transformação política. Filho legítimo dos ideais de emancipação humana, o jornal impresso constitui uma via fundamental na formação das sociedades. Mesmo com a proliferação da era digital, ele continua sendo de expressão e relevância.

O *Jornal impresso: da forma ao discurso* procura observar, passo a passo, as regras das etapas de produção de um impresso: pauta, produção de notícias, revisão, diagramação e circulação. A partir de agora, sinta-se você também um pauteiro, um repórter, um diagramador, editor-chefe. Este livreto pretende oferecer elementos básicos e fundamentais para a elaboração de jornais e boletins em sua comunidade, paróquia e demais áreas de atuação.

O jornal comunitário vem se constituindo como um meio prioritário no processo de construção social, dando visibilidade a assuntos e temas fundamentais em questões que definem a cena pública brasileira e dos grupos aos quais está vinculado. São inúmeros os informativos de caráter comunitário que se vêm firmando como elo indispensável nas mediações sociais, tornando possível a circulação de informações através de outras vozes e concepções.

Este manual desperta e provoca a produção de notícias originais, em todo o seu processo, e não quer alimentar o possível hábito do "clike e cole", no passado, "gillette press". É fundamental ser produtor de notícias, fazendo com que fatos, que tantas vezes ficam no anonimato por falta de alguém que lhes dê voz e visibilidade, venham à luz.

Saber redigir com clareza uma notícia, cuja base ainda está no impresso, ajuda também a ter bons informes nas plataformas digitais, que não raro se servem do impresso para alimentar seus espaços.

CONCEITOS E PERCURSO HISTÓRICO DO JORNALISMO

Seja em uma pequena comunidade na Região Nordeste do Brasil, em uma ilha distante no Oceano Índico ou ainda em uma grande cidade como São Paulo ou Nova York, qualquer pessoa tem necessidades instintivas de saber o que está acontecendo à sua volta.

O ato de informar é um impulso básico dos seres humanos, sendo denominado instinto de percepção. Isso porque, quando tomamos conhecimento daquilo que nos é diferente, adquirimos mais segurança e passamos a administrar melhor nossas vidas e o ambiente que nos cerca. A informação faz-se imprescindível para nossa sobrevivência. Com ela, interagimos uns com os outros, identificamos amigos e inimigos, promovemos a inclusão social e proporcionamos cidadania.

O jornalismo é um dos sistemas criados para dar sentido à informação. E um jornalismo de qualidade promove a informação de interesse público. Afinal, ele visa à promoção não só de uma sociedade mais democrática, mas também de cidadania para todos.

Desde a invenção do sistema tipográfico móvel, pelo alemão Gutenberg, em 1450, com a impressão da Bíblia em grande escala, as informações do dia a dia (que antes circulavam em pequenos grupos privilegiados) passaram a atingir um maior número de pessoas. Na verdade, essa descoberta possibilitou a produção e a divulgação dos acontecimentos para uma ampla população, revolucionando, assim, a forma de comunicação existente até aquele momento.

Já o autêntico jornalismo (tal qual o conhecemos hoje) surgiu a partir da ascensão da burguesia ao poder e da abolição da censura prévia, com a Revolução Francesa, no século XVIII. Nesse contexto, o jornal impresso foi um dos meios de comunicação mais importantes. E, a partir daí, cumpre a função de contextualizar o homem em seu tempo, sendo o espelho da sociedade em que está inserido. Desempenha, enfim, o elo que nos liga ao mundo social: o saber sobre o outro e sobre o mundo que nos cerca.

Como bem frisa os versos da música *O Jornal* (1992), de Gilberto Gil:

> ... Um jornal é igual ao mundo
> Um jornal é igual ao mundo
> Tudo certo, tudo incerto
> Tudo tão longe e tão perto
> É igual ao mundo um jornal.

A palavra jornal vem do italiano *giornale*, de *giorno*, que, por sua vez, origina-se do latim *diurnos: dies* significa salário por um dia de trabalho. Foi empregada, primeiramente, em 1665, por Colbert (ministro de Luís XIV), ao fazer circular o *Journal deI Savants*. Porém, há registros, desde o início do século XV, da circulação de manuscritos contendo informações de natureza política e comercial em grandes cidades europeias como Veneza, Londres, Lisboa e Madri. Esses textos recebiam nomes diferentes em cada lugar onde se difundiam. Na França, por exemplo, denominavam-se *Occasionnels*; na Alemanha, *Zeitungen*; na Itália, *Gazzetas* ou *Corantas*. Eram vendidos em livrarias ou por ambulantes nas grandes cidades.

Mas foi somente no século XVII – com o desenvolvimento de tecnologias e de novas maneiras de administração – que esse meio passou a crescer de maneira mais eficiente. O *Daily Courant* é considerado o primeiro jornal diário impresso do mundo. Foi impresso em uma única folha e só na parte da frente.

No Brasil, a imprensa instala-se oficialmente com a chegada da família real em 1808, que faz circular a *Gazeta do Rio de Janeiro*, em 10 de setembro. Essa publicação divulgava notícias da Europa e despachos da Coroa portuguesa, além de retratar a vida social do Reino. Era o jornal oficial do reino e circulava três vezes por semana.

Um pouco antes da chegada da família real em nosso país, também em 1808, mais especificamente no dia 1º de junho, registra-se uma imprensa de oposição, com a edição do jornal *Correio Braziliense* ou *Armazém Literário*, editado por Hipólito da Costa, um português exilado em Londres. Esse veículo vinha clandestinamente por navio para escapar da censura. Fazia forte pressão pela liberdade de imprensa, sendo contra o domínio de Portugal sobre a Colônia.

Quando surgiu, o jornal impresso era um meio elitizado, afinal poucos tinham acesso à leitura. Com o passar dos tempos, ampliou seu público e atingiu as massas. O aparecimento das novas tecnologias da informação fez com que suas formas se modificassem, passando a adotar a fotografia, as ilustrações e, mais recentemente, as cores. As transformações sociais e culturais ocorridas nas sociedades também acarretaram a oferta de novos conteúdos, como assuntos sobre meio ambiente e informática.

Com toda a certeza, podemos afirmar que os jornais impressos são aliados importantes na divulgação de notícias do mundo contemporâneo. Caracterizam-se, principalmente, pela **atualidade** (informações do presente, do hoje), pela **universalidade** (grande número das informações publicadas e pluralidade de opiniões), pela **periodicidade** (intervalo entre uma edição e outra) e pela **difusão** (circulação em determinados espaços geográficos). A periodicidade pode ser: diária, semanal, quinzenal, mensal, bimestral, dependendo do público e do fôlego financeiro. Em síntese, o jornal impresso é uma modalidade do jornalismo e, conforme o próprio nome sugere, um meio de comunicação social produzido na linguagem escrita.

Geralmente, possui dois formatos-padrão: **standard** (6 colunas por 52 cm) e **tabloide** (5 colunas por 29,5 cm). Pode ser impresso em forma **monocromática** (branco/preto) ou **policromática** (várias cores). Há ainda outros aspectos importantes como a **fotografia**, as **ilustrações** e o **título**. Os dois primeiros itens são os que mais chamam a atenção do leitor e, às vezes, as únicas informações retidas ou lidas. O título é também um importante elemento, já que traz o assunto principal da matéria resumidamente. Seu objetivo é informar e ainda prender na leitura. A eficácia desses três itens faz com que uma matéria passe a ser lida.

Cada veículo tem sua **linha editorial** (os assuntos que publica e defende). Por exemplo, a linha editorial de um jornal cristão é defender sempre a vida e nunca ir contra esse princípio. Em hipótese alguma, encontraremos nesse tipo de jornal uma matéria que defenda o aborto ou a pena de morte, pois isso não está de acordo com os valores cristãos.

A publicidade destaca-se como a principal base de sustentação financeira dos jornais impressos. É cobrada pelo espaço de **centimetragem/coluna** que cada anúncio ocupa na página. As de número ímpar são as que mais atraem o leitor e, por isso, o espaço publicitário é mais caro do que em uma par.

PRINCIPAIS TIPOS DE PUBLICAÇÕES IMPRESSAS

Há diversos tipos de publicações impressas. As que mais se destacam são:

Jornal – veículo destinado geralmente às classes A e B, por terem acesso à leitura. Abrange diversos públicos: masculino, feminino, juvenil e até mesmo o infantil. Portanto, destina-se à massa, pois procura atingir um número heterogêneo de pessoas. Presta-se a objetivos múltiplos, ou seja, fornece informações variadas, desde política, economia, cultura e entretenimento. O número de página é variável: de 4 (um jornal de uma paróquia) a mais de 100, caso de um jornal diário como *O Estado de S.Paulo.*

Jornal mural – não é um veículo massivo, pois volta-se a um público específico. Por exemplo, o jornal mural da paróquia São Judas Tadeu. Sua característica principal é a visibilidade, pois explora fotos, letras grandes e ilustrações, sendo afixado em ambientes.

Boletim – possui poucas páginas e linguagem simples. Pode ser destinado a um público mais heterogêneo (amplo) ou também dirigido a um segmento específico. Seu número de páginas é variável.

MIGRAÇÃO DIGITAL

Desde 1990 o número de leitores do jornal impresso migra gradualmente para o digital. O jornal ainda agrada o público acima dos 25 anos. Acredita-se que a geração nascida a partir do ano 2000 passará a consumir notícias digitais e que, em 2020, o público leitor de jornal impresso será bem menor.

Na Europa e Estados Unidos o tempo de leitura média de um jornal impresso é de 22 minutos. No entanto, a notícia continua sendo consumida em outros suportes. O computador fica ligado em média 8 horas por dia e os dispositivos móveis, o dobro de tempo ou mais.

E o futuro do jornal impresso? Segundo apontam pesquisas, o jornal diário será mais opinativo e interpretativo. Sua missão, portanto, será a de registrar o conteúdo com os olhos da razão, enquanto as notícias, por serem mais efêmeras, migrarão para o digital, em tempo real, sendo pagas e sustentáveis.

INFORMAÇÃO: UNIDADE MÍNIMA DO JORNALISMO

A informação é a matéria-prima do jornalismo e, nas páginas de um jornal, é transformada em matéria jornalística. Em síntese, as matérias jornalísticas são relatos dos muitos acontecimentos que se desenrolam em nosso cotidiano e que interessam a um grande número de pessoas.

Até chegar às mãos do leitor, as informações colhidas passam por um processo exaustivo de produção. Nele, há a participação de vários colaboradores:

- **Redator** – escreve desde notícias comuns a editoriais, crônicas e comentários;

- **Repórter** – colhe informações onde a notícia ocorre e a redige para divulgação;
- **Arquivista-pesquisador** – organiza e conserva, cultural e tecnicamente, o arquivo do jornal;
- **Infografista** – monta o fato em texto e imagem;
- **Revisor** – encarregado de rever as matérias jornalísticas;
- **Repórter-fotográfico** – registra, fotograficamente, assuntos de interesse jornalístico;
- **Diagramador/designer** – planeja e executa a distribuição gráfica das matérias, fotografias e ilustrações jornalísticas, para fins de publicação;
- **Editor** – é o responsável pela publicação. Zela pela linha editorial e pelo cumprimento dos prazos de publicação.

REPÓRTER

O repórter é o profissional mais importante do jornalismo. Para alguns pesquisadores e acadêmicos, só a notícia está acima dele. Sem ele, não haveria informação nem jornal. Seu trabalho consiste em contar o que viu ou soube, por intermédio de outras pessoas.

O termo "repórter" origina-se da palavra inglesa *report*, que significa informar, relatar, contar, noticiar, reportar (*report* = relato).

Seu trabalho geralmente é feito na rua ou nas redações, ou seja, onde quer que a notícia se apresente. Os melhores jornais são aqueles que têm em seu quadro os melhores repórteres. Aqueles profissionais que não têm preguiça, medo de arriscar e de procurar o furo (a informação exclusiva). Repórteres são seres obstinados a farejar o fato jornalístico.

CARACTERÍSTICAS PRINCIPAIS DE UM BOM REPÓRTER

Senso da notícia

O bom repórter deve ser capaz de distinguir entre os fatos realmente aproveitáveis e aqueles de pouco ou nenhum valor. O "faro" jornalístico é muito importante para o repórter.

O senso da notícia ajuda o profissional a:

- perceber onde está a notícia;
- reconhecer a notícia, onde quer que se encontre;
- selecionar o ponto de interesse da matéria, a fim de apresentá-lo no início da redação.

Perseguir os fatos

O repórter em ação é um verdadeiro agente. Ele tem que investigar, apurar, checar os fatos para compor a notícia. Em suma, são duas as tarefas do repórter:

- Obter os fatos;
- Escrever a notícia.

É de fundamental importância que o comunicador/repórter popular ou comunitário esteja atento a esses princípios. Os jornais de comunidade podem obter resultados positivos se possuírem repórteres capazes de investigar os acontecimentos e tratá-los de forma ética e comprometida.

Saber perguntar

O repórter deve indagar sempre o máximo que puder sobre qualquer assunto que estiver cobrindo. Saber o que e como perguntar, no sentido de "cavar" mais e melhores informações, é o ponto de partida para a grande notícia.

Contudo, é preciso ter cautela contra informações errôneas, negligentes ou duvidosas. Para chegar à verdade, o repórter deve fazer a confirmação de tudo o que publicar, através de duas ou mais fontes, se possível. Essas fontes devem ter interesses diferentes e serem independentes entre si.

PRODUÇÃO DA NOTÍCIA

Várias são as etapas de produção de uma notícia: preparação e apuração; redação; edição; diagramação; reprodução e circulação.

Preparação (pauta)

Primeira etapa de produção de uma notícia. Nela são realizados os primeiros contatos telefônicos com as fontes de informação mais importantes e viáveis, para decidir quando e como é possível consultá-las. Tudo isso é materializado na pauta.

A pauta é o roteiro dado ao repórter para a realização de qualquer matéria jornalística (vide modelo de pauta p. 22).

Apuração

Este é, segundo a maioria dos jornalistas e teóricos da área, o momento mais importante, pois corresponde à fase de garimpagem da matéria-prima. Nesta etapa, faz-se averiguação, pesquisa, sondagem, investigação e verificação.

Aqui, deve-se responder, minuciosamente, às seis perguntas principais de uma matéria jornalística: o quê, quem, quando, onde, como e por quê?

O responsável é o repórter que, de posse da pauta, obtém as informações.

Redação

Depois das informações recolhidas, o repórter parte para a etapa seguinte: a redação da matéria. Esta fase exige muita inspiração e dedicação. Nela, o profissional tem que ser ágil e empregar as técnicas jornalísticas. Como veremos a seguir, existem várias regras a serem empregadas, além do bom conhecimento da língua portuguesa.

Edição e diagramação

A fase da edição corresponde à seleção dos principais assuntos a serem divulgados. O responsável por isso é o editor. A ele cabe "a separação do joio e do trigo". Mas, antes de chegar ao leitor, as páginas são diagramadas, ou seja, condicionadas ao formato do jornal.

Reprodução e circulação

Já montado, o jornal é preparado para ser reproduzido, geralmente em parque gráfico com recursos próprios. Com tudo feito, o jornal está pronto para circular, ou seja, chegar às mãos do leitor.

PAUTA: ONDE TUDO COMEÇA

Todos os dias, a redação é bombardeada por informações de todo tipo que chegam pelo rádio, televisão, jornais, revistas, assessorias de imprensa, fontes civis, agências noticiosas, boletins ou notas oficiais, panfletos, cartazes etc. Esse bombardeio entra na lógica da profissão: quanto mais informações reunidas, melhor se noticia. À medida que vão chegando, as informações são selecionadas pelo profissional designado para preparar a pauta: o pauteiro.

A pauta é fundamental para a construção da matéria jornalística de qualquer meio de comunicação, pois é dela que o processo de investigação e apuração nasce e se torna possível. Esse instrumento é dado ao repórter para que ele possa construir com mais eficiência e tempo a matéria.

As informações são baseadas em dados oriundos das várias fontes: *press-releases*,[1] telefonemas, e-mails, cartas, fax, telegramas, informações disponíveis ou temas criados a partir de recortes de outros jornais.

Na pauta são incluídas informações básicas, tais como: telefone das fontes a serem entrevistadas e o endereço do local onde residem ou trabalham, nome completo dos entrevistados e/ou cargo que ocupam, horário da entrevista, entre outras. A função desses dados é poupar tempo e dar maior agilidade ao repórter.

---

[1] *Press-release* é um texto jornalístico produzido pela assessoria de imprensa ou de comunicação de uma empresa ou instituição, para ser divulgado na imprensa (jornal, rádio ou TV), geralmente enviado por e-mail.

O pauteiro faz o esboço dos assuntos a serem reportados, pesquisados ou aprofundados pelos repórteres, com base em informações disponíveis ou temas criados na redação.

Cabe lembrar que esse processo é bem diferente de jornal para jornal. Há aqueles que possuem mais de um profissional ocupando essa função e existem outros, no entanto, em que é o próprio editor ou repórter que elabora a pauta.

Nos jornais da grande imprensa, o advento da informática tem provocado quase a extinção desse cargo. Mas é importante ressaltar que, por ser o jornalismo uma atividade realizada em equipe e dependente do tempo, que se encontra cada vez mais escasso, a pauta faz-se importante para um trabalho de qualidade e, portanto, a figura do pauteiro ainda é fundamental.

ALGUMAS DICAS SOBRE A PAUTA

- O repórter deve ter em mente que a pauta é o ponto de partida e não de chegada da matéria jornalística. Embora ofereça algumas orientações sobre como proceder na investigação do assunto, ela não é uma camisa-de-força. O repórter tem que ser criativo e saber improvisar, pois existem momentos em que as pessoas e endereços indicados na pauta se mostram difíceis para o trabalho de apuração;
- O pauteiro deve tentar dissecar todas as possibilidades do assunto da matéria, fornecendo o máximo de informações possíveis. Além disso, poderá ter ideias que não ocorreram ao repórter. Sugere-se sempre que este discuta a pauta com o pauteiro, chefe de reportagem ou editor responsável, antes de sair para fazer a matéria;
- A pauta pode ter qualquer tamanho, dependendo muito dos aspectos e características do tema explorado. Portanto, sempre que julgar necessário, não hesite em elaborar uma pauta grande.

MODELO DE PAUTA SIMPLES

Redator(a)	Veículo/edição	Retranca
Maria das Graças	Jornal Síntese	Jovens/Mata Atlântica

PROPOSTA

Jovens crismandos da Paróquia São Paulo, São Paulo, vão participar, neste fim de semana, de uma plantação voluntária de mudas de árvores nativas em áreas devastadas de Mata Atlântica, na zona rural da cidade de Jundiaí, a 60 km, da capital.

OBJETIVO

Mostrar a importância do projeto para a educação ambiental e a valorização da vida em todos os seus aspectos.

ENCAMINHAMENTO

Vamos acompanhar a caravana dos jovens que sairá às 8h deste sábado; entrevistar os jovens e conferir essas ações e seus desdobramentos. Vamos entrevistar especialistas ambientais sobre o atual estado da Mata Atlântica brasileira, problemas e soluções.

Levantar fontes (nomes, sobrenomes e contatos):

1) Jovens participantes da ação.

– Qual a importância de participar desse projeto?

– Como esse projeto pode influenciar sua vida e a sociedade?

– O que descobriu com essa experiência?

2) Jorge Vieira, coordenador do grupo de jovens. Tel.: (11) 99543-1256. E-mail: jvieira@gmail.com

– Por que esta programação está fazendo parte da formação dos crismandos?

3) Mário Pereira, diretor da Fundação SOS Mata Atlântica, Tel.: (11) 98756-9867. E-mail: mpereira@gmail.com

– O que significa a parceria da SOS Mata Atlântica com o grupo?

– Quais os desdobramentos do projeto?

– O que esperam com esta iniciativa em relação à sociedade?

PAUTA FOTOGRÁFICA

Vamos fotografar a ação dos participantes assim como trechos da Mata Atlântica e também os especialistas ambientais da entidade.

FECHAMENTO

Data prevista para entrega da matéria: 28/07/2014.

Número de caracteres – 3.000 – 2 fotos na horizontal

DADOS

Antes de iniciar a reportagem é importante pesquisar no site da SOS Mata Atlântica para se municiar de mais informações.

ENTREVISTA

Com a pauta em mãos, o repórter sai a campo à procura de informações. Esta é a etapa mais importante, já que a preocupação é coletar o máximo de informações possível e entrevistar as pessoas que possuem conhecimentos e são autoridades no assunto.

O principal instrumento da coleta de informação é a entrevista. Essa técnica é a mais antiga de todas e recorre a pessoas diretamente envolvidas no fato investigado. A entrevista permite que o leitor conheça opiniões, ideias, pensamentos e observações de personagens da matéria jornalística ou de pessoas que têm algo relevante a dizer.

Pode ser feita por telefone, pessoalmente, por e-mail, Skype, Facebook, entre outros. A entrevista pessoal, cara a cara, é a mais indicada, pois permite melhor interação entre o entrevistado e o entrevistador. Além disso, é somente face a face que podemos observar e avaliar as reações de uma pessoa, por exemplo, se as mãos ficaram trêmulas, se o olhar foi desviado, se o rosto ficou ruborizado etc.

Para a realização de uma boa entrevista, é importante acompanhar as dicas relacionadas a seguir:

- Procure saber quanto tempo você terá para a entrevista. Se for pouco, vá direto ao assunto;
- Para que suas perguntas sejam pertinentes e objetivas, informe-se sobre o assunto e o entrevistado;
- Faça anotações e, se necessário, em entrevistas longas use gravador. Não confie apenas em sua memória;
- Prepare-se para acompanhar o rumo da entrevista, mesmo que exista um *roteiro* preestabelecido;

- Nunca se esqueça de que o leitor deseja saber a opinião do entrevistado e não a do repórter;
- Evite interromper o entrevistado. Aconselha-se que ele conclua seu pensamento para que se faça uma nova pergunta;
- Evite atritos com o entrevistado. Lembre-se de que seu objetivo é saber a opinião do entrevistado sobre o assunto, mas nunca expor o que você pensa;
- Não faça perguntas óbvias, mas esclareça todas as dúvidas;
- Às vezes, você pode julgar que o entrevistado não respondeu à pergunta ou que foi evasivo. Se isso ocorrer, insista, e caso não haja novamente uma resposta, registre o fato em sua reportagem;
- Faça perguntas curtas e objetivas, que não permitam divagações e verdadeiras defesas de tese ao entrevistado.

FONTES DE INFORMAÇÃO

No entanto, a realização de uma boa entrevista só se faz com a colaboração das fontes de informação. Essas municiam o jornalista de material imprescindível para o seu trabalho. A credibilidade de um jornal está vinculada à quantidade, à qualidade e à diversidade das fontes que possue.

A fonte informativa pode ser uma pessoa, um grupo, uma instituição, uma empresa, um governo, uma religião, enfim, os agentes de uma sociedade que têm visto, ouvido ou possuem documentos sobre algo e que, principalmente, estejam dispostos a fornecer as informações a algum meio informativo, quer por interesse público, quer simplesmente para se promover.

Uma boa fonte é aquela que sabe o que o jornalista procura, ou seja, que fornece detalhes do fato, diferencia o que é mais importante, identifica todos os envolvidos e avalia todos os lados do assunto.

As declarações de um informante podem ser dadas ao jornalista de duas maneiras. A primeira, chamada afirmação em *On the records*, pode ser publicada com a identificação de quem a proferiu. O segundo tipo é a declaração em *Off the records*, com dados geralmente importantes que podem ou não ser publicados. Caso sejam divulgados, o jornalista não pode mencionar a fonte. Quanto ao segundo tipo de informação, é preciso muito cuidado, pois este esbarra em questões éticas. Ou seja, o repórter pode obter uma informação de interesse público com o seu informante, mas, por questões profissionais e/ou pessoais de ambos, decide não publicar o dado.

Nem sempre a melhor fonte é aquela que possui o cargo de maior status. Alguém se lembra, por exemplo, de onde partiram as primeiras denúncias sobre a corrupção do governo Collor? Não? Foi do motorista do próprio presidente, o senhor Eriberto. Ele procurou os jornalistas da revista *Isto É* e fez a denúncia. Então, caro repórter, fique atento às informações que lhe chegarem e de ouvido bem aguçado a todos que lhe dirigem a palavra.

Porém, não se esqueça de que as fontes de informação têm os seus próprios interesses, que não necessariamente coincidem com os seus, nem com os do leitor e nem tampouco com os do jornal. Esses interesses podem ser de ordem pessoal, política, econômica e social. Por isso, antes de publicar algo que um informante lhe contou, duvide, duvide e duvide. Procure, religiosamente, cruzar esse dado com as outras fontes em que você confia e que tenham interesses contrários ao daquela que primeiro lhe forneceu a informação.

As informações devem ser cotejadas com os diversos tipos de informantes, que podem ser classificados da seguinte maneira:

FONTES

Próprias: são as estabelecidas pelo próprio jornal e também pelo próprio jornalista. As informações são declaradas em *on* ou *off*.

Institucionais ou oficiais: estão diretamente ligadas ao poder financeiro, político, religioso ou social. A assessoria de comunicação também faz parte deste tipo de fonte. As declarações são divulgadas em *on*.

Espontâneas ou não oficiais: classificadas convencionalmente como "homem da rua". Não estão diretamente próximas aos poderes e são também denominadas de não oficiais. Além disso, podem ser consideradas as melhores na hierarquia, por não estarem diretamente ligadas a nenhum grupo de poder social, político ou religioso. Suas informações são publicadas ora em *on*, ora em *off*.

Confidenciais: tipo de informante raro. De todos, é o que possui maior prestígio como repórter. Por meio deles, o jornalista obtém documentos e informações de grande valor jornalístico. Suas informações geralmente são recebidas mediante vias não convencionais e declaradas em *off*. A fonte mais famosa deste tipo foi o "Garganta Profunda", do caso *Watergate*, que foi revelada depois de mais de 30 anos.

Anônimas: pessoas que informam sobre algum fato de interesse jornalístico, mas que o fazem sem dar-se a conhecer, por meio de declarações em *off*.

A aplicação da pauta e a realização de boas entrevistas (contatos com as fontes) são condições para que o repórter consiga fazer um bom trabalho e também para que o jornal consiga atingir seus objetivos. Afinal, como vimos, é missão do repórter informar com qualidade o leitor sobre os fatos de relevância social para o mundo, o país, a comunidade, a paróquia, as atividades pastorais.

Desse modo, notamos que o fazer jornalístico possui um ritual que passa por várias etapas. Você, repórter, é convidado a se tornar partícipe de cada uma dessas etapas e, além disso, a realizar a devida mediação dessas fases com o informativo de sua comunidade, paróquia ou, ainda, para outros públicos e finalidades.

GÊNEROS JORNALÍSTICOS

Com as informações em mãos, chega a hora de redigir a matéria. Há várias formas de escrever um texto jornalístico. Essas diversas maneiras de escrita são denominadas gêneros jornalísticos, ou seja, as diferentes formas pelas quais os jornais e jornalistas expressam suas atividades no relato da informação.

Existem muitas controvérsias em relação à classificação da natureza de uma matéria jornalística e seus conceitos mudam de autor para autor. Segundo José Marques de Melo (1995), eles podem ser divididos em duas categorias:

- **Jornalismo informativo**: aquele que cumpre o papel de observar atentamente a realidade, cabendo ao jornalista proceder como "vigia", registrando os fatos e informando-os à sociedade. O jornalista não emite qualquer juízo de valor. Estão incluídas nessa classificação: nota, notícia, reportagem, entrevistas e enquetes.

  Ex.: Informar sobre a greve dos transportes públicos.

- **Jornalismo opinativo**: compreende o papel que a imprensa possui de reagir diante daquilo que acontece em nosso cotidiano, difundindo suas opiniões. Nesse tipo de gênero, o jornalismo atua fornecendo conselhos, isto é, como um formador de opiniões. Entre eles, destacam-se: editorial, comentário, artigo, resenha, coluna, crônica, caricatura (*charge*) e carta do leitor.

  Ex.: A opinião do jornal a respeito do novo imposto sobre os combustíveis.

Observe o conceito de cada um:

- **Notícia:** é o relato resumido de um fato de maneira integral e responde superficialmente às seis perguntas básicas do jornalismo. É redigida entre quatro e oito parágrafos e as informações são checadas, geralmente, em três fontes.

- **Reportagem:** é uma "notícia" mais ampla. Traz informações apuradas em inúmeras fontes de informação, pois aborda diversos ângulos do assunto. A reportagem procura, além de "informar", interpretar o fato e analisar suas consequências. Pode ocupar uma página inteira ou até mais.

- **Entrevista:** enquanto gênero, a entrevista se dá quando o jornal faz perguntas e o entrevistado as responde. É conhecida como entrevista pingue-pongue.

- **Enquete:** traz opiniões de várias pessoas sobre um determinado assunto, podendo, inclusive, conter fotos.

- **Editorial:** corresponde à opinião do veículo jornalístico e não apresenta assinatura.

- **Comentário:** redigido por um jornalista com grande experiência que acompanha os fatos não apenas na sua aparência, mas possui dados não disponíveis ao cidadão comum. Traz a definição explícita do autor. Orienta o leitor com relação a algum ângulo de um assunto temporal e imediato.

- **Artigo:** apresenta narração e opinião sobre os "valores" inseridos no fato. Pode ser escrito por um jornalista e também por um colaborador não jornalista, que seja autoridade em um determinado assunto.

- **Resenha ou crítica:** traz comentários sobre valores de bens culturais (livro, CD etc.).

- **Coluna:** é identificada pelo autor que a assina e emite opiniões sincronizadas com o desenvolvimento de fatos ocorridos em determinada área (economia, política, cultura, religião etc.).

- **Crônica:** texto literário que surge da notícia jornalística. É leve e bem-humorada.

- **Caricatura:** ilustração que emite opinião dos fatos com humor ou sátira, representando a opinião de quem a produziu.

- **Carta (do leitor):** diz respeito ao ponto de vista do leitor sobre um determinado fato.

NOTÍCIA

Segundo Ricardo Noblat (2003, p. 44), "notícia é como Deus para os que nele acreditam: está presente em toda parte e ao mesmo tempo". Mas encontrar e definir uma notícia nem sempre é tarefa fácil. Para que o jornalista seja bem-sucedido, é preciso ter faro, ser muito atento e, com o tempo, usar e abusar de sua experiência.

A notícia pode estar no detalhe de uma informação sem importância, no silêncio do entrevistado ou em suas mãos trêmulas, no documento jogado na lata de lixo, ou seja, em qualquer lugar. Esse termo tem origem na palavra inglesa *news* e significa "novidade". Formou-se das letras iniciais dos quatro pontos cardeais: *north, east, west* e *south*, ou seja, norte, leste, oeste e sul.

A notícia divide-se em três partes: título, cabeça (*lead*) e corpo.

Título

É o anúncio da notícia. Conta, de forma resumida, a ideia principal da história. Ajuda a encontrar a notícia nas páginas.

Cabeça (*lead*)

Cabeça ou *lead* é o primeiro parágrafo da matéria e traz um resumo do fato. Não é uma introdução, mas a apresentação dos dados principais que compõem o acontecimento relatado, os quais serão desenvolvidos no decorrer da narrativa.

A técnica do *lead* possui mais de 100 anos. É uma invenção norte-americana para substituir o estilo britânico, ou nariz de cera, que consistia em contar o fato ao leitor observando fielmente a ordem cronológica dos acontecimentos, como nas histórias de ficção.

Corpo

É o desenvolvimento dos dados apresentados no *lead*, esmiuçados em detalhes.

REDAÇÃO DA NOTÍCIA

FÓRMULA DA NOTÍCIA

Já vimos que a notícia se divide em três partes: título, cabeça e corpo. Assinalamos ainda que o repórter precisa obter muitas respostas às suas perguntas, de modo a apresentar melhor a notícia. Mas que perguntas são essas? Existe alguma maneira de conhecê-las previamente?

Apesar de o jornalismo pertencer à área das Ciências Sociais Aplicadas, portanto, não estando preso aos fundamentos da matemática, como as profissões ligadas às Ciências Exatas, existe, mesmo assim, uma fórmula composta para definir uma matéria jornalística.

Ah! Se pensou que, ao escolher ser jornalista, não iria mais precisar fazer aquelas continhas que tiram o sono, enganou-se.

Os jornalistas definiram uma fórmula para padronizar as informações básicas necessárias à redação de uma matéria. Essa fórmula expressa as seis perguntas essenciais que devem ser respondidas em um texto informativo jornalístico.

Eis a fórmula:

3Q + O + C + P	3Q = Quem?
	Quê?
	Quando?
	O = Onde?
	C = Como?
	P = Por quê?

FÓRMULA DE CONSTRUÇÃO DA NOTÍCIA		
PERGUNTAS	ELEMENTOS	RESPOSTAS (DADOS)
QUEM?	Personagens	O card. argentino Jorge Mario Bergoglio
QUÊ?	Fato	foi eleito papa
QUANDO?	Data	ontem
ONDE?	Local	cidade do Vaticano
COMO?	Modo	após dois dias de conclave
POR QUÊ?	Motivo	devido à renúncia de Bento XVI

De posse dos dados apurados anteriormente, o repórter pode escrever a cabeça assim:

> O cardeal argentino Jorge Mario Bergoglio foi eleito papa, ontem, na cidade do Vaticano, após dois dias de conclave, devido à renúncia de Bento XVI.

Atenção: a cabeça ou *lead* deve conter respostas às seis perguntas? Nem sempre. Às vezes, podem faltar informações de uma ou duas delas, conforme o que se apurar sobre o fato, é claro.

Resumindo

O corpo é uma elaboração da cabeça. Isto é, a mesma notícia acrescida de detalhes novos, explicados.

Ao escrever a cabeça e o corpo, o jornalista serve a dois tipos de leitores: o apressado, que deseja saber apenas as novidades – e, por isso, lê somente o título e a cabeça com o resumo da notícia –, e o interessado, que deseja conhecer o caso em detalhes.

CONSTRUÇÃO DA NOTÍCIA

Para construir a notícia, podemos dispor os fatos de três maneiras, a saber:

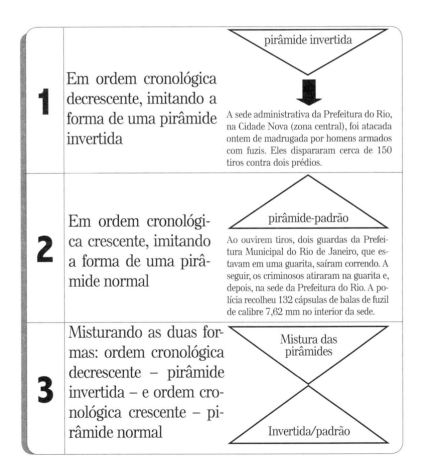

1 Em ordem cronológica decrescente, imitando a forma de uma pirâmide invertida

pirâmide invertida

A sede administrativa da Prefeitura do Rio, na Cidade Nova (zona central), foi atacada ontem de madrugada por homens armados com fuzis. Eles dispararam cerca de 150 tiros contra dois prédios.

2 Em ordem cronológica crescente, imitando a forma de uma pirâmide normal

pirâmide-padrão

Ao ouvirem tiros, dois guardas da Prefeitura Municipal do Rio de Janeiro, que estavam em uma guarita, saíram correndo. A seguir, os criminosos atiraram na guarita e, depois, na sede da Prefeitura do Rio. A polícia recolheu 132 cápsulas de balas de fuzil de calibre 7,62 mm no interior da sede.

3 Misturando as duas formas: ordem cronológica decrescente – pirâmide invertida – e ordem cronológica crescente – pirâmide normal

Mistura das pirâmides

Invertida/padrão

Qualidades da notícia

A notícia deve apresentar certas qualidades, tais como:

- **Novidade** – trazer dados novos sobre o assunto abordado e falar sobre o hoje (atualidade);
- **Interesse público** – toda notícia deve interessar ao maior número de pessoas possível.
- **Apelo** – estar em sintonia com os valores do leitor e chamar atenção (impacto).

DIVERSAS CATEGORIAS DE *LEAD*

Há diversas categorias de *lead*, que são utilizados de acordo com as circunstâncias e trabalham de modo diferente os elementos da notícia.

- **Analítico** – traz todos os elementos que compõem a notícia.
- **Sintético** – traz alguns elementos da notícia.
- **Composto** – chamado de "lidão" por conter uma informação principal e uma ou mais secundárias.
- **Com citação direta** – valoriza uma frase de impacto da personagem da notícia.
- **Com citação indireta** – quando o repórter relata com suas próprias palavras a fala do personagem.
- **Pessoal** – busca estabelecer uma relação mais direta e intimista com o interlocutor, sendo mais utilizado em notícias digitais e eletrônicas (Rádio e TV).

EXEMPLOS DE *LEAD*

Analítico

Os Papas João XXIII e João Paulo II foram canonizados no dia 27 de abril de 2014, em cerimônia histórica, celebrada pelo Papa Francisco na Praça São Pedro, na cidade do Vaticano. O evento é sinal de novos tempos da Igreja Católica, mais aberta e próxima dos fiéis.

Sintético

Os Papas João XXIII e João Paulo II foram canonizados no dia 27 de abril de 2014, em cerimônia histórica, celebrada pelo Papa Francisco na Praça São Pedro, na cidade do Vaticano.

Composto

Expressa várias informações que compõem um fato, sendo redigido em ordem de prioridade das informações.

A tempestade que atingiu São Paulo ontem causou inundações na zona leste da capital. Ventos que chegaram a 100 km/h destelharam casas nos bairros da Penha e do Tatuapé. O Aeroporto de Congonhas, na zona sul, também sofreu com a chuva, ficando fechado para pousos e decolagens até as 20h30.

INFORMAÇÃO PRINCIPAL

A tempestade que atingiu São Paulo ontem causou inundações na zona leste da capital.

INFORMAÇÃO SECUNDÁRIA 1

Ventos que chegaram a 100 km/h destelharam casas nos bairros da Penha e do Tatuapé.

INFORMAÇÃO SECUNDÁRIA 2

O Aeroporto de Congonhas também sofreu com a chuva, ficando fechado para pousos e decolagens até as 20h30.

Com citação direta

"Parece que os cardeais foram buscar o novo pontífice no fim do mundo", disse o Papa Francisco em referência a seu país, Argentina. A afirmação foi feita em seu primeiro pronunciamento aos fiéis, na Praça São Pedro.

Com citação indireta

Os cardeais foram buscar o novo pontífice "no fim do mundo", disse o Papa Francisco em seu primeiro pronunciamento aos fiéis na Praça São Pedro.

Pessoal

Você poderá, a partir de hoje, telefonar ou pesquisar no site da Receita Federal, para tirar dúvidas a respeito das novas regras de preenchimento da declaração do imposto de renda.

VALORIZAÇÃO DA NOTÍCIA PELO *LEAD*

O *lead* pode ser elaborado, ainda, valorizando um dos seis elementos que compõem a fórmula da redação do texto informativo.

VALORIZAÇÃO DO QUEM

O arcebispo de Buenos Aires, Jorge Mario Bergoglio, é o novo Papa da Igreja Católica. Ele passou a se chamar Francisco.

VALORIZAÇÃO DO O QUÊ

O acesso à Capela Sistina será reaberto amanhã, segundo informações do departamento de museus do Vaticano. A visitação pública esteve proibida durante o conclave que elegeu o Papa Francisco.

VALORIZAÇÃO DO QUANDO

Entre 12 e 13 de março de 2013, o conclave (assembleia de cardeais que elege o papa) foi convocado para a eleição do novo pontífice da Igreja Católica.

VALORIZAÇÃO DO ONDE

A Capela Sistina, no Vaticano, foi o lugar escolhido para a primeira missa do Papa Francisco, rezada no dia 14 de março de 2013.

VALORIZAÇÃO DO COMO

Com o aparecimento da "fumaça branca" na Capela Sistina e ao som dos sinos da Basílica São Pedro, foi anunciada a eleição do Papa Francisco. Ele passa a ser o 265º sucessor de Pedro.

VALORIZAÇÃO DO POR QUÊ

Em decorrência da renúncia do Papa Bento XVI, no dia 11 de fevereiro de 2013, o cardeal argentino Jorge Mario Bergoglio foi eleito seu sucessor.

EXERCÍCIO 1

Com base nas informações a seguir, identifique os elementos que compõem o *lead*. Em seguida, classifique-o em sintético ou analítico. Por fim, reescreva-o valorizando outro elemento.

Dados

A Praça de São Pedro foi tomada por 800 mil peregrinos que aclamaram de pé os novos santos, João XXIII e João Paulo II, no dia 27 de abril de 2014, tendo a santidade reconhecida por milagres e virtudes.

_____

_____

_____

_____

_____

_____

EXERCÍCIO 2

Com base nas informações a seguir, identifique os elementos que compõem o *lead*. Em seguida, desdobre os dados do *lead*.

Dados

Há mais de dois meses convivendo com as consequências da cheia do Rio Madeira, a população de Rondônia conta os prejuízos e reascende a esperança de voltar para casa, mas a situação ainda é crítica. Apesar de as águas estarem baixando lentamente, o cenário é de destruição. A cheia devastou plantações, destelhou, destruiu e arrastou casas. Nas edificações que permaneceram de pé, há lama e sujeira. Muitas famílias continuam alojadas em barracas, escolas, paróquias e dependerão de doações por muito tempo, já que perderam tudo (Karla Maria, *Revista Família Cristã*, maio 2014).

_____

_____

_____

_____

_____

EXERCÍCIO 3

Com as informações a seguir, redija um texto jornalístico informativo de três parágrafos, aplicando a técnica da pirâmide invertida (ver p. 37):

- não obstante os avanços proporcionados pela clonagem, a técnica continua a sofrer objeções por parte da comunidade científica;
- a clonagem de embriões de animais já é feita com sucesso;
- os cientistas creem que, uma vez detectada a doença, os embriões seriam eliminados por meio de aborto;
- a clonagem permite o diagnóstico de diversos males;
- já é possível obter clones de embriões humanos;
- a principal objeção dos cientistas é a preocupação com a morte dos embriões defeituosos;
- cientistas ligados à Sociedade Norte-americana de Fertilidade repudiaram o experimento;

- o anúncio oficial da clonagem de embriões humanos foi feito ontem pelos pesquisadores da Universidade George Washington, Jerry Hall e Robert Stillman;
- os cientistas consideram a clonagem de embriões humanos antiética;
- os pesquisadores esperam, com este processo, atenuar casos de infertilidade;
- o experimento de Hall e Stillman representou um passo adiante na clonagem de embriões vivos;
- os pesquisadores objetivam, com a clonagem, detectar doenças nos embriões, sem causar danos a eles;
- Hall e Stillman demonstraram ser possível conseguir réplicas de um ser humano vivo;
- a clonagem possibilita o diagnóstico da fibrose cística e da hemofilia nos embriões.

NORMAS PARA PADRONIZAR A REDAÇÃO

1. Redija frases curtas. A frase não deve ultrapassar 3 linhas, de preferência.
2. Cada parágrafo deve ter em média de 4 a 8 linhas.
3. De 15 em 15 linhas, em média, ou sempre que mudar o assunto no texto, faça um intertítulo ou entretítulo, salvo em casos especiais (entrevistas pingue-pongue, reprodução de documentos). O intertítulo não deve ultrapassar 2 palavras mais preposição ou artigo. Matérias com menos de 20 linhas dispensam intertítulos.
4. Qualidades indispensáveis do texto: exatidão (na informação e vocabulário), clareza (dar preferência a palavras simples, de uso corrente; evitar orações rebuscadas ou ambíguas, sem cair no estilo telegráfico; procurar apresentar apenas uma ideia ou ação por frase) e concisão (abandono de todas as expressões supérfluas ou redundantes).
5. A importância dos assuntos tratados ou dos fatos narrados deve decrescer à medida que o texto avança. É indispensável que a matéria seja organizada, para que, se necessário, possa ser cortada pelo pé, sem perda de sentido, exceto na reprodução de documento, quando for indispensável a ordem cronológica, e em matérias especiais com espírito de crônica, comentário ou análise.
6. O importante é prender a atenção do leitor e levá-lo a ler a matéria até o fim. Isto serve para a confecção do *lead*.
7. Cuidado redobrado com a exatidão de nomes próprios e cifras. Apurar o nome completo do entrevistado e a grafia correta. Apenas quando se ignorar a grafia exata do nome

da fonte é que devem ser aplicadas as regras ortográficas. O mesmo deve ser considerado para nomes de lugares, monumentos, marcas... Jamais abreviar nomes próprios.

8. Todas as pessoas devem ser identificadas pelo nome completo, na primeira vez em que são citadas e, daí em diante, pelo "nome de guerra", que é geralmente o sobrenome. Atletas, crianças e artistas podem ser tratados pelo primeiro nome ou apelido.

9. Reler a matéria antes de entregá-la, corrigindo possíveis erros e, depois de publicada, procurar em seu próprio benefício saber a razão das modificações feitas.

10. Toda suíte[2] deve incluir um retrospecto sobre a matéria original tão extenso que permita ao leitor novo entender a matéria do dia, e tão curto que não aborreça o leitor já familiarizado com o assunto.

11. Na notícia, não é preciso tratar as pessoas de senhor(a), professor(a), doutor(a), porém, isso é obrigatório durante a entrevista pingue-pongue, por se estar estabelecendo diálogo, além de ser, para o público e em público, uma forma respeitosa de tratamento.

12. Quando aparecem siglas pela primeira vez no texto, dar por extenso o significado, antes da sigla. Em seguida, colocar a sigla entre parênteses, em caixa alta. **Exemplo**: Conferência Nacional dos Bispos do Brasil (CNBB).

13. Evite começar frases e parágrafos seguidos com a mesma palavra; não usar repetidamente a mesma estrutura da frase e evitar palavras e expressões que estejam na moda.

---

[2] Suíte é a continuação da cobertura de um fato já noticiado. Cobertura de seus desdobramentos (do enterro da vítima, do inquérito policial etc.),

14. Sinais ortográficos:

- Usar aspas quando as palavras forem exatamente aquelas pronunciadas pelo entrevistado, corrigindo-se os erros de português, a não ser que estes completem a informação;
- O ponto vai fora das aspas quando a oração começa antes das aspas. Ex.: João disse que "a música afasta todos os males". O ponto permanece dentro das aspas quando toda a oração está entre aspas. **Exemplo:** "A música afasta todos os males." Com essas palavras, João (...);
- Opiniões coletivas não podem ser reproduzidas entre aspas, pois não é habitual que as pessoas exprimam uma mesma ideia com palavras idênticas.

15. Tipos de letras:

- Caixa-alta – usar para nomes de conferências, congressos, códigos, leis, revoluções, guerras, batalhas, competições esportivas, pactos, tratados, períodos históricos, formas de governo, efemérides, festas religiosas, divisões políticas e administrativas, instituições políticas e religiosas, idiomas, disciplinas escolares, monumentos e órgãos públicos (Prefeitura, Secretaria de Obras etc.).
- Funções são usadas em caixa-baixa. Ex.: o diretor, o presidente, o ministro, o padre etc. No caso de função acompanhada de área de atuação da pessoa citada, grafar da seguinte forma: o gerente de Marketing, o ministro da Educação.
- A siglas devem ser grafadas em caixa-alta, quando forem formadas pela primeira letra de cada palavra que as compõem. Exemplo: Organização das Nações Unidas (ONU).

Caso contrário, somente a primeira letra da sigla fica em caixa-alta. Exemplo: Universidade Estadual Paulista (Unesp). Exceção deve ser feita em siglas já registradas. Exemplo: Conselho Nacional de Pesquisa (CNPq), que pela regra deveria ser (CNP). As siglas não devem ser pontuadas. O mesmo ocorre com as abreviaturas, a não ser de nome de pessoas. Exemplo: O menor V.A.M. foi preso (...).

16. Números, datas, dinheiro – os números de um a dez, assim como cem, mil, milhão, bilhão, por extenso. Os demais, com algarismos. Exceções: datas e horas, endereços, idades, que serão representados por algarismo. Nas datas usar somente o mês por extenso. Ex.: 10 de setembro de 1985. Quanto ao ano (1985), nunca é pontuado (1.985). Outros milhares são pontuados. Ex.: 1.500 laranjas.

- As horas são representadas assim: 15h17. Mas quando se tratar de período: a reunião durou duas horas e trinta minutos, e não 2h30.

- Números redondos acima de mil são designados assim: 150 mil e não 150.000; 1 milhão e 300 mil e não 1.300.000, que pode ser grafado 1,3 milhão.

- Deve-se procurar arredondar números elevados, sem prejuízo da informação.

- Use símbolos em pesos e medidas mais conhecidos: quilo (kg), metro (m), quilômetro (km), tonelada (t) etc. Os demais ficam por extenso: milha, acre, hectare, libra.

17. Evitar iniciar frases com algarismos. Exemplo: "200 pessoas foram presas ontem, em um cassino clandestino". O correto é redigir: "A Polícia Federal prendeu 200 pessoas em um cassino clandestino ontem".

18. Valores monetários devem ser grafados da seguinte forma: 20 reais, mil reais, 10 mil dólares, 4 milhões de euros etc.

19. Nomes de lugares (topônimos, urbanos ou geográficos) devem ser escritos em caixa alta e baixa: Rua da Consolação, Avenida Paulista, Alameda Santos, Cine Belas Artes, Hospital das Clínicas, Rio Tietê, Serra da Mantiqueira, Rodovia Castelo Branco, Complexo Anchieta-Imigrantes etc.

EDIÇÃO

A edição é uma das etapas mais importantes no jornalismo. É através dela que se faz o preparo e se decide a distribuição do material jornalístico nas páginas. É nesta etapa que os temas mais importantes são escolhidos e hierarquizados para serem publicados e as páginas são concebidas.

O jornalista responsável pela edição é conhecido como editor. Entre suas principais tarefas, destacam-se:

a) zelar pela publicação de versões e pontos de vistas diferentes;
b) assegurar a harmonia estética e o conteúdo das páginas;
c) cumprir os cronogramas de fluxo;
d) garantir a informação mais completa e recente ao leitor.

A edição, no entanto, não é meramente técnica; possui certa subjetividade, que expressa o enfoque editorial ditado pelo editor. Cada uma das seções que compõem a redação de um veículo jornalístico recebe o nome de editoria. Assim temos: a editoria de educação (trata dos assuntos referentes à educação), a editoria de política (trata dos assuntos ligados à política), a editoria de esportes (trata dos assuntos de esporte) etc. É importante ressaltar que todo veículo jornalístico deve ter um projeto editorial, porque é ele que determina os assuntos e os ângulos a serem abordados em cada número. Além disso, o projeto editorial engloba também o projeto gráfico (os aspectos visuais).

TÍTULOS

O bom título desperta o interesse e conduz o leitor diretamente à notícia.

Normas para redação de títulos

1. O título é a síntese da matéria e, portanto, deve se referir diretamente a seu conteúdo. Deve ser objetivo e conciso (o número de toques e de linhas é definido na diagramação).

2. Deve conter necessariamente verbo, na voz ativa e no presente (exceto quando se referir a fatos distantes no passado ou no futuro). Evitar os verbos de ligação.

3. Os artigos definidos e indefinidos devem ser eliminados.

4. Evite usar dois pontos e, em títulos de textos informativos, não utilizar ponto final, de interrogação e de exclamação, nem reticências, travessão e parênteses.

5. Só use siglas e nomes próprios em títulos, se forem de conhecimento geral.

6. Não divida silabicamente as palavras nem separe nomes compostos em linhas diferentes.

7. Atenção: não repita no título as palavras iniciais do texto (*lead*). Retrancas (matérias) de um mesmo assunto devem ter títulos diferentes – não repita palavras em títulos de matérias publicadas na mesma página ou em páginas subsequentes (espelhadas).

Quanto à posição, tamanho e destaque que ocupam na página, os títulos se dividem em:

- antetítulo (chapéu);
- manchete (título principal, que recebe destaque gráfico);
- subtítulo (linha fina);
- olho.

Antetítulo ou chapéu

Também chamado sobretítulo, o antetítulo ou chapéu é uma palavra, nome ou expressão, sempre sublinhada, usada acima do título da retranca principal (e digitada em corpo menor), para caracterizar o assunto tratado na página ou para indicar que dois ou mais fatos diferentes são publicados na mesma página. É o que se apresenta sobre o título para melhor explicar a notícia, dar ideias do assunto, ou indicar seções de interesse do leitor.

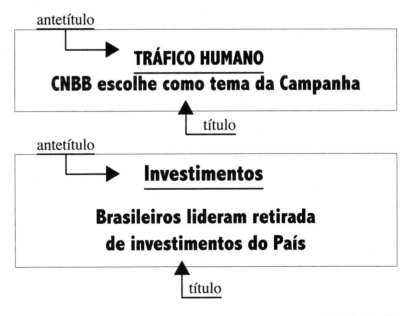

Manchete

É a notícia de maior importância da edição e deve ter destaque gráfico (corpo maior, ocupar o maior número de colunas e se encontrar na cabeça da página). O uso de ponto-e-vírgula permite incluir mais de um fato importante na manchete.

Exemplos:

> **Projeto aumenta IR de empresas**

> **Chuvas causam desmoronamento;
> governo decreta estado de emergência**

Subtítulo ou linha fina

Título secundário colocado abaixo do título principal da matéria. É composto em corpo menor e serve para acrescentar informações que completam o significado do título principal da página. Trata-se de uma linha (de composição) de texto que forma uma oração completa, mas não tem ponto final.

Olho

Recurso de edição mais usado para anunciar os melhores trechos de textos longos e arejar a leitura.

Exemplo: "Hoje, ao invés de ficar esperando que um comentarista de TV, um articulista ou um jornal diga o que o eleitor tem a fazer, ele mesmo faz!" (Marcos Coimbra – *Revista FC* – mar. 2014).

O QUE SE DEVE CONSIDERAR NUM PROJETO DE EDIÇÃO
Título

É um dos elementos básicos da edição. Sabe-se que, devido à falta de tempo, a maioria dos leitores de um jornal lê apenas o título dos textos editados. Por isso, ele é de alta importância. Ou o título é tudo que o leitor vai ler sobre o assunto, ou é o fator que vai levá-lo a acompanhar toda a matéria.

Instruções gerais para elaboração de títulos

O título deve ser o resumo preciso da informação mais importante do texto, indicando seu aspecto mais específico.

> **Banco Mundial propõe ensino pago (certo)**
> Banco Mundial discute problemas educacionais (errado)

- Procure sempre usar verbo nos títulos para dar maior impacto e expressividade.

> **Ação civil pública questiona as usinas**

- Para dar maior força ao título, use o verbo no presente do indicativo.

> **Árabes e judeus assinam acordo de paz**

- Esteja atento para que o título da chamada de primeira página e o da mesma notícia colocada no interior do jornal não sejam rigorosamente iguais.

Nos textos noticiosos, o título deve obrigatoriamente ser extraído do *lead*; se isso não for possível, refaça-o, porque ele não está incluindo as informações mais importantes da matéria.

Exemplo de título

Paróquias prestam socorro às vítimas

Legenda

É um recurso essencial de edição. Deve descrever a fotografia e relatar o fato ao leitor, em linguagem direta e objetiva. Por ser tão importante quanto o título, tem que ser atraente e conquistar a atenção.

A boa legenda também esclarece qualquer dúvida que a foto possa suscitar. Deve salientar todo o aspecto relevante e dar informação adicional sobre o contexto em que ela foi tirada. Não deve, simplesmente, descrever aquilo que o leitor pode ver por si mesmo. A legenda fotográfica deve atender à curiosidade do leitor, que deseja saber o que ou quem aparece na foto, o que está fazendo, em que lugar está. O verbo deve estar no presente.

Recomendações

Jamais escreva uma legenda sem ter em mãos a foto que será impressa, isto é, com a indicação do corte pedido pelo diagramador e da posição que vai sair na página. Quando aparecem até cinco pessoas na foto, a legenda deve identificar todas elas, nem que seja por um único nome. Em foto de grupo, esclareça a posição de cada uma das pessoas: à dir., à esq., ao fundo, no centro, sentado, na frente, de chapéu, de óculos etc.

Exemplo de legenda

- Texto-legenda

Possui a mesma lógica da legenda, só que apresenta um texto mais longo (geralmente, tem um parágrafo) e, em combinação com a foto e um título, esgota o assunto.

NOSSA HISTÓRIA

Irmã Tecla Merlo com o Fundador, Tiago Alberione.

ALBA – Grupo de catequistas de Alba (1916 ou 1917). Entre elas estão várias colaboradoras de Alberione. Teresa (mais tarde irmã Tecla) Merlo é a quinta da esquerda para a direita, na fila do meio.

FAMÍLIA PAULINA

Representantes de todos os institutos e congregações da Família Paulina.

Exercícios

Redija títulos

- *2 linhas de 20 toques*

1) Um impasse entre a prefeitura e o governo estadual pode provocar o fechamento do Hospital Imaculada Conceição, em Sumaré, região de Campinas, onde funciona o único pronto--socorro da cidade.

O Estado fez uma intervenção no hospital em 1992, prorrogada em oito ocasiões. Mas anunciou que irá fechá-lo na próxima semana, caso sua administração não seja passada para a prefeitura ou para outra instituição.

- *2 linhas de 20 toques*

---

2) Em apenas 15 minutos, um tornado derrubou 60 casas na província Argentina de Entre Rios, causando ferimentos em três pessoas e deixando 500 desabrigados.

O fenômeno metereológico, relativamente raro na região, ocorreu na quarta-feira à noite. Ventos de mais de 120 km/h também derrubaram torres de energia.

- *3 linhas de 15 toques*

---

3) A primeira experiência no mundo de votação oficial pela internet ocorreu ontem no vilarejo suíço de Anières, próximo a Genebra. O objetivo da chamada "e-democracia" é aumentar a participação popular nas eleições.

Os 850 habitantes de Anières votaram para decidir se a prefeitura deve ou não reformar um antigo restaurante.

- *2 linhas de 35 toques*

---

4) A polícia apresentou os quatro homens presos ontem em Carapicuíba, acusados de sequestrar uma empresária e exigir uma bolsa de remédios psicotrópicos e 15 mil reais para libertá-la.

Os sequestradores usaram o celular da própria vítima para contatar um dos filhos da empresária. As negociações, em tom de ameaça, foram gravadas pela polícia.

Por meio do rastreamento das ligações, a polícia descobriu o cativeiro, que ficava na casa do chefe da quadrilha, Marcelo Lima, onde a bolsa com os remédios e o dinheiro foi encontrada.

- *1 linha de 22 toques*

---

5) Candidato à reeleição para deputado estadual em 1970, o médico José Soares da Silva programou comício em Sairé (PE), mas atrasou-se.

Preocupado em não desagradar aos políticos que o aguardavam em Sairé, mandou na frente o vereador conhecido por

"Arábias", devido a seu *slogan* de campanha que dizia: "Um vereador das Arábias".

Enquanto o candidato não chegava, "Arábias" deitou falação, até que alguém avisou da chegada de Dr. Silva.

— Eis que vem entrando triunfalmente em Sairé o Dr. Silva, assim como Jesus entrou em Roma! – exclamou exultante Arábias.

— Jesus Cristo não entrou em Roma, mas em Jerusalém! – alguém gritou do meio da multidão.

— Certo, não foi em Roma, mas foi pertinho! – tentou emendar Arábias.

- *1 linha de 22 toques*

Assinatura do texto

A publicação com assinatura do autor é uma distinção e depende do mérito específico de cada texto. Obedece a três graus: assinatura no alto do texto, logo após o subtítulo (nome em maiúscula), assinatura no fim do texto (com nome completo) e assinatura no fim do texto (com nome abreviado).

Boneco

Modelo gráfico simulado de um jornal, boletim, caderno ou revista a ser impresso. Sua função é permitir uma visualização do conjunto formado por textos, fotos e outros elementos gráficos nas páginas.

Box

Texto curto que aparece cercado por fios, em associação com outro texto, mais longo.

Controle de erros

Como o próprio nome diz, trata do número de erros que se publica. Estes devem vir corrigidos na próxima edição.

Corpo

Tamanho da letra a ser impressa. Elemento importante do projeto gráfico.

"Cozinha"

Jargão jornalístico que significa o mesmo que reescrever a notícia, isto é, dar-lhe outra disposição redatorial, ou simplesmente alterar a apresentação dos fatos nela contidos. É o melhor exercício no aprendizado do jornalismo. Cozinhar uma notícia visa:

a) evitar que ela, tirada de outro jornal ou recebida através de um release, saia igual à do jornal concorrente;

b) ser ela adaptada ao espaço disponível no jornal e ao estilo de texto do veículo impresso.

Notícia publicada no jornal A

> **Três presos amotinados há dois dias em Toronto, Canadá, exigiram salvo-condutos para viajarem pra o Brasil em troca de seus sete reféns**

Notícia publicada no jornal B

> **O Brasil foi o escolhido pelos três presos amotinados em Toronto, que exigiram salvo-condutos para viajarem para o nosso país em troca dos seus sete reféns**

Crédito

Indica ao leitor a origem do noticiário e a função do autor de um texto. Os créditos devem ser estendidos a todas as ilustrações da edição.

Deadline

Palavra inglesa que designa prazo final – em jornalismo, se refere ao fechamento de uma edição.

Expediente

Seção do jornal que torna pública as informações sobre si mesmo, isto é, os profissionais que participaram da edição, endereço da redação etc.

Fechamento

Conclusão do trabalho de edição. Quem fecha deve estar tão preocupado com a qualidade da edição quanto com o cumprimento do cronograma de fluxo, ou seja, as datas e horários de cada uma das etapas.

Fotografia

A foto editada com destaque é a primeira coisa (ou única) que o leitor vê na página. Se a foto e a legenda tiverem qualidade, o leitor pode passar a dar atenção aos títulos e outros elementos da página. São qualidades básicas do fotojornalismo: o ineditismo, o impacto, a originalidade e a plasticidade.

Recomendações

a) prefira usar uma foto grande a duas pequenas;
b) se possível, não edite lado a lado fotos sem relação entre si;
c) não publique foto que possa ser considerada obscena sem consulta prévia ao diretor responsável pelo jornal.

Gaveta

Material jornalístico "frio", preparado com antecedência. O editor deve sempre manter textos de gaveta para usar em caso de emergência.

Infográfico

É o tipo de arte que dá uma imagem imediata de informações quantitativas. Tem a função de transformar informação numérica em informação visual, permitindo uma leitura instantânea.

Página ímpar

As notícias mais importantes são editadas nas páginas de número ímpar porque elas atraem mais atenção visual do leitor do que as páginas de número par.

Primeira página ou capa

É a apresentação e amostra do conteúdo básico do jornal. Requer uma estrutura própria. Contém maior espaço para elementos ilustrativos e os textos geralmente são resumos dos conteúdos internos. Trabalha-se especialmente os títulos para a "venda" da matéria ao leitor.

A matéria principal nem sempre é fácil de ser definida. Critérios:

1. interesse público;
2. ineditismo;
3. caráter diferenciado (improbabilidade);
4. atualidade (relevância).

Suíte

Consiste em reescrever ou cozinhar uma notícia, adicionando-lhe detalhes novos, apurados com base na informação original.

> Deverão chegar ao Brasil, amanhã, desembarcando em Brasília, os três presos amotinados que mantinham sete reféns em seu poder e exigiram voltar para o nosso país.

PROJETO GRÁFICO

Um jornal comunitário é um instrumento dinâmico que abre espaço para um rol de informações não focalizadas em um veículo de maior porte, constituindo-se assim em uma das formas mais eficientes de comunicação entre uma instituição e a sua comunidade. Justamente por ser uma ferramenta de comunicação direcionada, as suas informações são veiculadas de forma a atender às expectativas de seu público-alvo, conquistando o seu interesse e estabelecendo com ele um diálogo. Entretanto, a concepção de um jornal vai além da composição de seus elementos textuais e gráficos em uma ou mais páginas. Na verdade, é na criação do seu *layout*, ou melhor, do seu projeto gráfico que esse impresso começa a ganhar vida, ao representar e se ver representado em seus leitores. Leitores estes que o escolheram não só pelas informações que contém, mas também pela identidade visual que ostenta.

> **Como passamos de uma simples arrumação de elementos na página para a criação de um projeto gráfico?**

Quem cria um projeto gráfico para um jornal deve estar ciente de que participa de um trabalho interdisciplinar no qual interação entre texto e imagem – e suas respectivas áreas – é essencial para construção de sua identidade visual. Se buscarmos traduzir em imagens o projeto editorial proposto pela área de jornalismo, gradativamente a linha, a unidade, o equilíbrio e os demais fatores conjugados resultarão em um projeto gráfico capaz de comunicar uma mensagem que clama por atenção e motiva, então, a sua leitura. Neste momento não mais teremos uma arrumação de elementos na página, mas sim um projeto gráfico que possui uma identidade; a identidade visual do jornal que representa. Somente então após a definição de sua identidade visual e da construção de seu projeto gráfico é que serão feitos os trabalhos de editoração eletrônica – comumente conhecidos como diagramação.

Atualmente a maioria dos trabalhos de diagramação de um jornal é feita por meio da editoração eletrônica, onde o impresso em questão é editado através da combinação computador, programa de editoração e impressora. Existem muitos programas para "paginar" um jornal no mercado e, uma vez que o usuário conhece as funções essenciais de tal programa, terá plenas condições de diagramar o seu impresso. Para impressão, o processo também é simples; em pequenas tiragens podemos usar uma impressora doméstica, mas para grandes tiragens já é necessário recorrer aos serviços de uma gráfica.

COMO FAÇO PARA PRODUZIR UM JORNAL?

Antes de começar a tratar das questões de criação do projeto gráfico, algumas decisões técnicas devem ser observadas. Primeiro, faz-se necessário um levantamento criterioso de todos os custos para se produzir o jornal. Existem, basicamente, três formas de se financiar um jornal: (1) a instituição que o publica arcar com todos os custos; (2) os custos são pagos na íntegra pela venda dos espaços para anunciantes; (3) os leitores pagam pelo produto. Certamente podemos combinar de diversas maneiras as três formas de financiamento. Em jornais comunitários é comum a divisão instituição/anunciantes.

- É muito importante esclarecer aqui qual é o papel do anunciante: ele tem direito de colocar no espaço de anúncio que contratou a mensagem que desejar, mas não pode de forma alguma interferir nas questões editoriais da publicação. Vale ressaltar que, para evitar confusões, dois representantes distintos do jornal devem tratar da questão; logo, quem comercializa os anúncios não deve lidar com as matérias nem entrevistas e quem trata das matérias e entrevistas não comercializa os anúncios.

PRINCIPAIS CUSTOS DE PRODUÇÃO

Criação: uma opção é contratar um profissional graduado para criar o projeto gráfico modelo para depois fazer a editoração eletrônica internamente.

Editoração: mesmo que o profissional graduado vá fazer a diagramação mensal do jornal que criou, seus custos devem ser apresentados separadamente, já que a criação do projeto gráfico será feita uma única vez. Outra possibilidade é contratar um técnico em editoração para fazer o trabalho periódico ou mesmo terceirizar o serviço com a gráfica.

Jornalista: podemos contratar um profissional desta área para fazer todas as matérias ou apenas as especiais como as colunas e seções temáticas. E não esqueça: há o custo para a assinatura de responsabilidade do jornal que exige um jornalista registrado, sendo a assinatura obrigatória.

Fotos, ilustrações e gráficos: certamente cada um desses recursos visuais valoriza um jornal e os seus custos devem ser estimados ainda em projeto. Calcule a quantidade média de elementos visuais que vai usar por edição e combine o preço com tais prestadores de serviços. Outra opção é adquiri-los em bancos de imagem.

Impressão: para fazer um orçamento de impressão primeiramente é necessário decidir-se pela quantidade de impressos, de cores e método de impressão.

IMPRESSÕES	PRETO	COLORIDA
Até 50	Impressora doméstica	Fotocopiadora colorida
Até 250	Fotocopiadora comum	Gráfica (em *offset*)
Até 500		
Mais de 500	Gráfica (em *offset*)	

- Existe ainda a possibilidade de fazermos a impressão em uma única cor, mas esse recurso é mais fácil de ser contratado em uma gráfica, logo, com um mínimo de 500 impressões. Para valorizar as impressões em preto, use papéis coloridos, visto que existem boas opção no mercado. Outra boa ideia é combinar a impressão em uma única cor com um papel colorido, já que as impressões em policromias são caras.

Escolher o formato do jornal e também o tipo de impressão já que somente em gráfica podemos utilizar o formato *standard* ou dos "jornais comerciais" – que varia de 23 x 32 cm a 21 x 26 cm, dependendo do tamanho da bobina de papel – e o tabloide, que é o *standard* dobrado ao meio. Mas esses formatos não são uma regra geral; existem jornais em tamanho A4, o mais apropriado para impressões domésticas ou em fotocopiadoras. E o em formato "tipo letter", 21 x 28 cm, com ótimo aproveitamento de papel, se impresso em gráfica.

Em que tipo de papel o jornal será impresso, já que os gastos com papel representam quase 50% dos custos de impressão do jornal, logo, um formato grande sairá mais caro que um menor. Mas não é só isso, podemos escolher também a qualidade do papel, que vai do papel-jornal típico (os mais baratos) aos papéis brancos brilhosos (os mais caros). Não esquecendo os papéis coloridos e mesmo os reciclados.

- Logo, o que vale aqui é a relação tamanho x qualidade; se, por um lado, não abro mão do formato tabloide, então posso optar por um papel mais barato – como o papel-jornal. Mas, se desejo um jornal mais bem impresso, diminuo o seu formato e ele não custará tão caro.

A decisão sobre quantidade de páginas está relacionada ao projeto editorial do jornal, da mesma forma que o tamanho do jornal está relacionado ao seu projeto gráfico. Mas pouco adianta um belo *design* ou um editorial fantástico que nunca serão impressos por questões financeiras.

- Lembre-se de uma regra básica: o número de páginas de uma publicação deve ser em múltiplos de 4, ou seja, 4, 8, 16, 32 etc. É muito pouco usual um jornal ter 6 páginas, pois essa página "sobrando" sempre corre o risco de se perder das demais, além de não ser possível fixá-la com grampos. Depois, os custos de impressão para 6 ou 8 páginas são praticamente os mesmos.

Um novo periódico pode e deve começar devagar. Primeiro, impressão em uma cor, formato pequeno e poucas páginas. Depois, com o passar do tempo, vamos sofisticando: as cores, o papel, o formato e a quantidade de páginas melhoram à medida que crescem a tiragem e os anunciantes.

COMO OS JORNAIS SÃO IMPRESSOS NA GRÁFICA?

O sistema de *offset* é o mais utilizado pelas gráficas para a impressão de um jornal. Para reproduzir os impressos coloridos aos milhares, esse método necessita fazer uma decomposição das cores existentes no arquivo digital em quatro cores: cyan (C), magenta (M), amarelo (Y) e preto (K); esse processo é chamado de policromia (ou quadricromia). Para fazer a decomposição das cores, faz-se um fotolito, um tipo de filme transparente para cada uma das cores CMYK. Posteriormente, esses fotolitos são usados na "gravação" de chapas de metal alocadas nas máquinas de *offset*. Na "gravação", uma imagem inversa do arquivo digital é transferida para o metal, já que a máquina de *offset* "imprime" simulando um carimbo invertido.

As tintas CMYK usadas pela gráfica são translúcidas e podem se misturar umas com as outras com perfeição. Com isso, para a reprodução de uma imagem colorida, a sua decomposição de cores será feita em milhares de micropontos, as chamadas retículas. As fotos em preto-e-branco também são decompostas em retículas, mas apenas na cor preta (K). Cada cor obedece a um ângulo, assim ela vai ocupar um quarto do espaço dentro de uma retícula. Esse preenchimento pode variar de 100% da cor até 0%. Logo, não seria errado afirmar que a impressão de uma foto é feita com o somatório dos milhares de pontinhos então decompostos; assim como os demais elementos do arquivo digital. Mas como isso acontece?

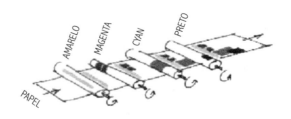

Primeiro, o papel em branco passa pela bobina de cor amarela (Y). Então os pontinhos amarelos serão "carimbados" no papel. Depois vem a cor magenta (M), cyan (Y) e preta (K). Ao final, teremos o arquivo digital, que foi decomposto em milhares de pontos recompostos na folha de papel. Mas essa "mágica" só ocorre quando os fotolitos são feitos na qualidade mínima de 100 LPI (100 linhas por polegada) e as imagens, na qualidade mínima de 300 DPI (pontos por polegada), no tamanho em que será impressa.

- É importante observar que não é possível pegar uma imagem pequena e esticá-la até que fique do tamanho da página, porque esse ato vai transformar os 300 DPI originais dela em menos de 100 DPI. E não é possível imprimir uma imagem com essa resolução. Na captura de imagens por *scanner*, devemos saber de antemão qual é o tamanho final da impressão, pois, se a imagem original for menor, deveremos aumentar a sua resolução, por exemplo, para 600 ou 1.200 DPI. As fotos digitais com até 3.0 megapixels não podem ultrapassar o tamanho de impressão 10 x 15 cm para evitar os problemas de resolução. É importante lembrar que para as fotos digitais a regra dos 300 DPI também é válida.

- Atualmente, existem muitas gráficas que possuem máquinas que fazem a "gravação" da chapa de metal direto do arquivo digital, um serviço chamado *direct-to-plate*, que dispensa o uso de fotolitos. Outras gráficas ainda oferecem o serviço *direct to print*, ou melhor, direto para a impressão de *offset*, sem fotolito e chapa de metal. Não há dúvidas de que essas novas formas de impressão representam uma economia de tempo e dinheiro para quem produz um jornal, logo são altamente recomendadas.

Dica: Cuidado, pois muitas vezes para não fazer um fotolito um fornecedor substitui essa etapa por um processo chamado de meio-tom, no qual o filme é substituído por uma impressão a *laser* em cima de uma folha de acetato, mas sua qualidade deixa a desejar. Por isso, se essa for a sua opção, tenha certeza de que o desconto dado vale realmente a pena, mas não esqueça que sempre se pode economizar de outras formas, como formato, cores e papel. Converse calmamente com o seu fornecedor gráfico para saber qual o melhor tipo de papel que pode oferecer por um menor preço, pois muitas vezes ele poderá ter enormes sobras de papel de outros clientes que utilizaram um determinado tipo de papel que você também poderá usar, sem ter que pagar muito caro por isso.

Agora que as principais decisões técnicas foram levantadas, resta-nos ressaltar a questão da periodicidade. A periodicidade de uma publicação é um compromisso que a instituição que a realiza assume diante dos seus leitores. Desta forma, lembre-se de que estamos falando de um processo complicado, em que produzir um jornal leva tempo, requer muita dedicação e as chances de algo dar errado são consideráveis. Então, aconselha-se começar com uma periodicidade menor, mas que seja cumprida à risca, para depois, naturalmente, se ter a periodicidade ampliada.

COMO POSSO CRIAR UM PROJETO GRÁFICO?

Como discutimos anteriormente, mais do que um bom projeto gráfico, todo jornal necessita de uma identidade visual que represente o seu público-leitor. Assim, da mesma forma que um jornalista vai adequar a sua forma de escrever para estar em conformidade com o público jovem, por exemplo, um projeto gráfico de um jornal voltado para esse público vai usar cores fortes e contrastantes de que tanto esse público gosta. Podemos também escolher imagens alegres e divertidas ou, ainda, adotar tipografias modernas e joviais. Mas essas escolhas não são feitas todas de uma só vez.

A criação de um projeto gráfico pode ser vista como um processo, uma construção que acontece em etapas. Logo, de nada vai adiantar pensar quantas cores vai ter o seu projeto gráfico, se você não souber se poderá arcar com os custos de impressão. Ou, ainda, de nada vai adiantar escolher as tipografias, sem antes projetar a sua malha gráfica. Isso porque as escolhas de criação acontecem de forma cadenciada, e esta é a melhor forma, acredite, dado que seu resultado é um projeto gráfico que representa o seu público-alvo.

No entanto, não é fácil formalizar o processo criativo, e olha que existem vários livros abordando essa questão. Felizmente, a *designer* e professora Robin Williams, em seu livro sobre o tema, consegue resumir a questão do processo em quatro conceitos fundamentais: alinhamento, proximidade, contraste e repetição.

> **Eis então a minha proposta: com base nos conceitos de alinhamento, proximidade, contraste e repetição, vamos criar um jornal em quatro passos? Então, mãos à obra!**

ALINHAMENTO: O PRIMEIRO PASSO

Geralmente, uma página mal diagramada tem seus elementos dispostos de forma aleatória, e isto resulta em um efeito de desorganização facilmente percebido pelo leitor. Porém, é mais simples organizar os espaços de um projeto gráfico do que você imagina. Basta seguir a regra de ouro do conceito de proximidade: nada deve ser colocado aleatoriamente dentro de uma página.

Certamente, existem muitas técnicas para assegurarmos que esse problema de desorganização não aconteça, e a construção de uma malha gráfica (*grid*) tem se mostrado a melhor delas. A importância de se definir uma malha gráfica para um jornal está no fato de que esta representa o guia visual do seu projeto. Não só para você que diagrama, mas também para o seu leitor. Para seguirmos o raciocínio de que um projeto gráfico deve ser construído a partir de um conjunto de decisões a serem tomadas de forma cadenciada, tomamos então a primeira das decisões: a definição de suas margens.

- Não existe uma margem-padrão a ser usada em jornais, mas lembre-se de que é muito importante que as margens se repitam no mesmo padrão da página modelo em todas as demais. Muito embora as margens iguais sejam uma escolha menos trabalhosa, sua simetria pode resultar em um projeto gráfico pouco interessante.

Depois de delimitarmos as margens do jornal, para facilitar ainda mais o uso do conceito de proximidade, podemos dividir o espaço útil de diagramação em colunas; uma obrigatoriedade nos jornais. As colunas, quando projetadas visando à boa relação com as margens, valorizam o projeto gráfico criado. A definição do número de colunas é a segunda etapa que vencemos na construção de uma malha gráfica.

- Mais uma vez não existe regra, mas jornais em formatos pequenos como o A4 devem ter, no máximo, 3 colunas. Já os formatos tabloides ou *standard* usam, no mínimo, 4 e, no máximo, 6 colunas. Não se esqueça de planejar também o espaço entre colunas, que não deve ser muito estreito – para não causar a sensação de "entulhado" – nem muito grande, para não parecer que existem dois "canais" no meio do texto.

Agora, em uma terceira etapa vamos colocar as linhas guias que complementarão a malha gráfica criada. As margens delimitam o espaço onde colocaremos os elementos na página, as colunas dividem a página em seções verticais, já as linhas guias permitem dividir as páginas em seções horizontais e são úteis para determinar onde começa e onde termina cada notícia.

Para o caso de jornais em formato pequeno como o A4, podemos dividir a página em duas metades e depois traçar uma linha para o título da matéria no alto da página; uma segunda linha para o início das matérias e uma terceira linha para o final delas – sendo esta no meio da página (o meio da folha de papel sem contar as margens). Depois, repetimos o mesmo processo na segunda metade da página. Para formatos maiores, usamos um maior número de divisões.

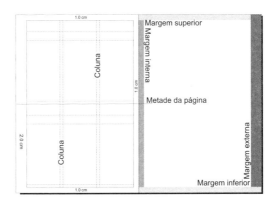

Lembramos que o conceito de alinhamento será tão bem aplicado quanto os limites da malha gráfica forem respeitados. Essa observação pode parecer desfavorável à criatividade na criação, mas não é verdade. Existem outras escolhas que podem e devem ser feitas em um processo de criação. As cores ou as tipografias, só para citar algumas, já representam um universo de infinitas escolhas. Cada foto, ou mesmo a composição de várias delas em uma página, possibilita uma diagramação padrão comum, mas também uma diagramação única, especial.

PROXIMIDADE: ORGANIZANDO O CONTEÚDO

Agora vamos tratar da questão da disposição dos elementos na página, abordando assim um segundo conceito de *design*: a proximidade. A regra de ouro desse conceito é: cada elemento dentro de uma página deve ter uma conexão visual com outro elemento dentro dessa mesma página. Isto porque é o agrupamento desses elementos relacionados em proximidade que vai criar, automaticamente, a organização visual fundamental em um projeto gráfico.

Para utilizar o conceito de proximidade, primeiro separamos os elementos que compõem uma matéria, os elementos textuais (título e o corpo do texto) e os elementos não textuais (fotos, imagens, gráficos etc.) em pequenos grupos. Depois, decidimos qual o local na página que esses elementos ocuparão. Então diagramamos esses elementos no espaço reservado de modo a formar um bloco coeso – um módulo.

Os elementos textuais são responsáveis por transmitir ao leitor o senso de organização almejado, então eles devem respeitar, obrigatoriamente, a malha gráfica projetada. Por isso, não deixe dúvidas quanto à relação dos elementos entre si. Cada título, subtítulo, legenda etc. deve estar próximo(a) ao seu texto relacionado, evitando assim que o leitor se perca.

- Os títulos devem ser dispostos de modo a ocupar em largura a quantidade total de colunas ocupadas pela matéria. Se uma matéria, por exemplo, ocupa duas colunas na página, o título deve ocupar a largura equivalente a essas duas colunas, independentemente de ter uma ou duas linhas. Essa composição ajudará a criar um módulo.

Já alguns elementos não textuais podem e devem fugir um pouco do conceito de alinhamento, mas nunca do de proximidade. Ainda que esteja posicionado de forma "não tão ordenada" em relação aos demais elementos a sua volta, o próprio conceito de alinhamento avisará ao leitor que tal elemento está em harmonia com os demais se respeitarmos o conceito de proximidade.

Por exemplo, uma foto, ainda que esteja posicionada de forma a ocupar uma coluna e meia, pode ainda demonstrar relação de harmonia com os demais elementos, mantendo a sua relação de proximidade com eles, sem ficar presa à malha gráfica criada.

Outra questão importante a ser tratada diz respeito às composições mistas – textos que são colocados dentro de caixas (*box*), como o editorial, a agenda ou mesmo um destaque da reportagem. Nesse caso, temos uma associação de elementos: textuais e não textuais. Sugerimos diagramá-los como um elemento não textual. Dessa forma, também podemos fugir do conceito de alinhamento, porque o conceito de proximidade será evidenciado pelo fato de os elementos textuais estarem compreendidos "dentro" da caixa.

- Gostaria de ressaltar que a caixa deve ser da largura total de colunas que se deseja ocupar na página e também inteiriça, para não confundir o leitor. Pode-se também diagramar uma caixa que ocupe duas colunas, mas o texto dentro dessa caixa – e somente ele – fica em uma única coluna. Pode-se ainda usar o mesmo número de colunas, mas diferenciar o texto da caixa em sua tipografia.

Facilmente podemos perceber quando uma diagramação não foi realizada segundo o conceito de proximidade. Basta que os títulos, as imagens e as colunas-textos estejam espalhados pelos cantos da página, em uma tentativa de se preencher todos os espaços "vazios" com os elementos existentes. Isso porque os elementos espalhados pela página criam uma sensação de desorganização, levando o leitor a ter dificuldades em entender as informações nela contidas.

CONTRASTE: VALORIZANDO O PROJETO

Ao usar o conceito de alinhamento para construir uma malha gráfica, conseguimos mostrar ao leitor de que forma as informações no jornal estarão configuradas, facilitando assim sua forma de leitura. Já com o uso do conceito de proximidade, conseguimos mostrar, a partir de sua organização, como os elementos de cada notícia estão relacionados entre si.

Agora vamos tratar de um terceiro conceito, o de contraste, que tem dois propósitos básicos que se unificam. O primeiro deles é criar interesse pelo projeto gráfico, porque se tiver uma aparência interessante, atrairá mais leitores. O segundo propósito básico é auxiliar na hierarquia de informações, para que o leitor seja capaz de compreender de maneira imediata o fluxo lógico do conteúdo apresentado.

O objetivo do contraste é evitar, por um lado, o excesso de concordância entre os elementos de uma página sem que, por outro lado, se estabeleça uma relação de conflito entre eles. Os elementos em uma página não podem ser tão "iguais" a ponto de sua combinação resultar em uma página "sem graça". Por outro lado, não podem ser tão "desiguais" a ponto de "brigarem" entre si para ver quem chama mais a atenção.

Quando realizamos um projeto gráfico sem que os elementos estejam em excesso de concordância ou em conflito iminente, mas, ainda assim, ostentem uma composição que seja capaz de despertar o interesse do leitor, conseguimos então estabelecer uma relação de contraste.

As tipografias representam uma boa oportunidade para a aplicação do conceito de contraste, muito embora possamos contrastar outros elementos, como cores, formas e estilos. Mas, como estamos aqui tratando da criação do projeto gráfico de um jornal que tem por objetivo levar ao seu público-leitor uma mensagem, então uma boa escolha tipográfica será o seu melhor aliado em busca de tal objetivo. Uma família tipográfica, ou simplesmente fonte, é uma coleção de tipos (as letras do alfabeto e sinais) que possui as mesmas características estruturais fundamentais. Conheça agora seus detalhes:

- Existem muitas fontes que podemos escolher para compor um projeto gráfico que venha a traduzir a identidade visual do público-alvo. Assim, não há necessidade de se criar um jornal com apenas uma família tipográfica. Quando decidimos usar uma única fonte na criação de um projeto, conseguimos um efeito de concordância, mas certamente não se deseja isso porque a página vai ficar toda "igualzinha", ou melhor, sem contraste.

- Mas se escolhermos uma tipografia para o título que seja muito semelhante à tipografia escolhida para o corpo do texto, o resultado será o oposto, mas igualmente indesejado. Neste caso, o leitor vai pensar: as fontes parecem iguais, mas algo está estranho aqui nesta página. Pode ser até que, depois de olhar com calma, ele perceba que as famílias tipográficas são diferentes em relação a pequenos detalhes, mas aí já estará criado o conflito.

- Outra forma de criar o conflito, e não o contraste, com o uso das fontes é tentar combinar dois estilos de fonte diferentes, mas que não interagem muito bem, não remetem a uma mesma ideia.

Então vamos separar as fontes em sete grupos a partir de suas semelhanças. Existem algumas formas de se identificar e agrupar as famílias tipográficas, e a mais usada delas tem por base a classificação proposta pelo tipógrafo Francis Thibaudeu. Essa classificação é feita com base na mais marcante característica das tipografias, as serifas, que são os traços e prolongamentos que ocorrem ao final das hastes de cada uma das letras em uma determinada família tipográfica.

Serifa triangular

Tem um estilo clássico, tradicional, que remete às escrituras romanas. Possui um traçado de curvas angulosas e hastes que variam do grosso ao fino de forma moderada, tal qual as suas serifas. Algumas fontes com serifa triangular: *Garamond*, *Berckley*, *Times New Roman*, *Baskerville* e *Book Antiqua*.

Serifa linear

Tem um estilo elegante, moderno e representa uma evolução do estilo clássico. Suas serifas bem finas e leves estão em contraste com as hastes grossas, ainda que exista nestas alguma variação grosso/fino. Algumas fontes com serifa linear: *Bodoni*, *Modern*, *Didot*, *Fenice*, *Ultra* e *Walbaum*.

Serifa quadrada

Também uma evolução dos tipos clássicos, embora siga uma direção distinta ao propor um ajustamento homogêneo entre as serifas e as hastes que ostentam a mesma espessura. Algumas fontes com serifa quadrada: *Memphis*, *Clarendon*, *New Century Schoolbook*, *Mellor* e *Serifa Bt*.

Sem serifa

São as fontes de traços fortes e representativos, além de certamente não possuírem serifas. Todas as hastes possuem uma mesma espessura, quebrando com a variação grosso/fino, comum em fontes serifadas. Algumas fontes sem serifa: *Univers, Arial, Futura, Avant Garde, Eurostyle* e *Tahoma*.

Semi sem serifa

Estas fontes têm como inspiração as fontes sem serifa, mas ostentam um traçado de curvas angulosas e hastes que variam levemente, grosso/fino, como as fontes serifadas. Algumas fontes semi sem serifa: *GillSans, Optima, Frutiger, Stone Sans, Lúcida Sans* e *Verdana*.

Cursiva

São fontes que trazem como referência a caligrafia, indo desde a simples escrita manual até os rebuscados alfabetos feitos por calígrafos profissionais. Algumas fontes cursivas: *Mistral, Shelley, Cochin, Snell, Zapf* e *Linoscript*.

Fantasia

Estas fontes contêm fortes elementos decorativos com floreios, sombras ou arabescos. Podem ainda ser figurativas, com imagens de bichos ou até temáticas. Algumas fontes fantasia: *Scarlett, Juniper, Kidnap, Decorated* e *Bremen*.

Agora vamos explorar as seis possíveis formas de se contrastar fontes em um projeto gráfico. A primeira delas diz respeito à ESTRUTURA e, neste caso, já foi dado o primeiro passo: separação das fontes em sete grupos distintos.

FORMA   condensada   normal   extendida

A A **A**

PESO   light   normal   bold

A **A A**

A FORMA dos tipos é uma segunda possibilidade de criarmos contraste; essas variações associadas às da estrutura ajudam a evidenciar muito bem uma relação de contraste em um projeto gráfico. Já a terceira forma de contraste diz respeito ao PESO das fontes; neste caso, devemos observar com atenção os contrastes entre o peso das hastes e a largura das fontes.

- Muito embora existam as mais diversas regras de combinação de fontes usando o conceito de contraste, aconselho que sejam observados os espaços em branco em volta dos tipos, pois são justamente esses espaços que nossos olhos percebem. Seja título ou corpo do texto, não importa, quanto mais a estrutura for forte, sua forma toda composta em caixa alta e o peso de suas hastes grande, mais "entulhada" será uma página – com as fontes parecendo não caber no espaço projetado.

tipografia   TIPOGRAFIA

A quarta forma de contraste é o TAMANHO das fontes. A mais utilizada em um jornal é a relação título *versus* corpo de texto. No entanto, existem outras partes do texto (legendas, olho e créditos) com as quais podemos trabalhar a questão.

- Com o uso da editoração eletrônica, as famílias tipográficas não possuem mais limitações de tamanho, já que são arquivos digitais. O tamanho de uma fonte, seu corpo, é medido em pontos, sendo determinado pelas caixas-altas da fonte mais um pequeno espaço embaixo, que correspode à linha das descendentes.

Já a quinta questão é a COR, mas neste caso não falamos apenas das possibilidades de se colorir um texto, e sim do efeito visual que temos ao ver o corpo de texto de um jornal. São as estrelinhas que determinam o efeito de "cor do texto", como no exemplo abaixo:

Uma boa escolha de espaço entre linha assegura, além de uma boa legibilidade, que o leitor não vai ser perder entre uma linha e outra do texto. Preste atenção ao número de caracteres por linha em sua composição, ela é a chave para determinarmos o tamanho adequado das linhas e por conseqüência o tamanho das colunas. Há um consenso de que linhas entre 60 e 70 caracteres promovem uma boa legibilidade.

Textos que fluem naturalmente quando lidos são aqueles possuem uma relação harmoniosa entre a entrelinha, o tamanho da fonte, o comprimento da linha e os espaços entre letra; além da própria escolha da fonte. Textos contínuos e com muito volume conseguem uma boa legibilidade quando o seu corpo varia entre 8 e 11 pontos e a entrelinha entre 1 a 4 pontos do tamanho da fonte, a depender da fonte escolhida.

O primeiro passo para tornar uma composição de texto mais legível: escolha fontes abertas e proporcionais que exibam a regularidade dos tipos de serifa triangular ou semi-sem serifa. Todos os truques visuais, afetações estilísticas e irregularidades entre os caracteres tornam um corpo de texto ilegível. Mas fontes como estas funcionam bem para títulos e logomarcas.

- Leia os textos anteriores e observe a sua "cor". Cada uma das caixas acima usa uma única fonte, em um mesmo corpo, na mesma largura de coluna. Mas, por causa das entrelinhas diferentes, sua "cor" varia de escura a clara. Vemos também que a altura da caixa varia, apesar de conter quase a mesma quantidade de caracteres em cada uma. Logo, podemos economizar ou ganhar espaço trabalhando com entrelinhas.

Por último, temos a DIREÇÃO do texto como forma de contraste. Um texto pode ser apresentado em outra direção que não a horizontal com o objetivo de realçar (títulos laterais) ou não realçar (créditos) sua importância no projeto gráfico. Mas lembre-se de que para o corpo do texto de um jornal será muito difícil esse tipo de contraste sem prejudicar sua leitura.

Finalizando, observamos que para um bom uso da tipografia, segundo o conceito de contraste, é necessário se perguntar: Você, de fato, consegue ler o jornal criado da forma que está diagramado?

- Um texto pode ser medido em laudas, em que uma unidade tem 25 linhas com até 50 caracteres em um total de 1.100. Atualmente, com o advento da editoração, podemos medir os textos após a criação de uma página modelo para depois passarmos a contagem de caracteres ao jornalista pela quantidade de laudas ou número de caracteres.

REPETIÇÃO: FORTALECENDO A CRIAÇÃO

A construção de um projeto gráfico é um processo de evolução, etapa a etapa, conceito a conceito. Primeiramente, você aprendeu como trabalhar o alinhamento, depois, a proximidade e, por último, o contraste. Agora o último dos conceitos: a repetição. Segundo tal conceito, a repetição dos elementos visuais no decorrer do projeto gráfico tem como propósito básico unificar e fortalecer a identidade visual da publicação criada.

A regra de ouro do conceito de contraste é eleger de forma parcimoniosa alguns elementos não textuais (símbolos, fios e ilustrações) que estarão presentes, ou melhor, repetidos em todas as páginas. Ou na maioria delas, como a caricatura do colunista posicionada à direita de seu nome, no início de seu texto. É a repetição que criará o que chamamos de consistência visual do projeto gráfico e, justamente, essa consistência indicará ao leitor que cada uma das páginas pertence ao mesmo jornal.

Em geral, podemos usar elementos repetitivos que são apenas belos, sem nada ter a ver com o tema do jornal. Mas lembre-se de que devemos escolhê-los de forma a traduzir a identidade visual do público-alvo do jornal. Outra importante questão da repetição diz respeito aos seus excessos: evite usar elementos que não pertençam ao mesmo universo para não incorrer em problemas estilísticos ou ainda usar em excesso esse conceito – bastam dois ou três elementos a repetir na página.

Certamente, o nome escolhido para o jornal também teve como foco o público-leitor. Mas, indo além, o *design* do nome pode e deve ser usado para construir a identidade visual de todo o jornal. Observe na figura ao lado como todos os conceitos de *design* do título foram usados no jornal.

Não é necessário falar que as relações de contraste de tipos criados a partir do conceito aqui apresentado devem ser mantidas, ou melhor, repetidas em todas as páginas. Observamos ainda que essa regra também foi aplicada na malha gráfica criada, no conceito de alinhamento. E, muito embora se pense que a repetição não se aplica aos conceitos de proximidade, ressaltamos que a margem "em branco" em volta de cada uma das fotos diagramadas deve ser a mesma em todas as fotos e em todo o jornal; logo, eis a repetição. **Este é o grande segredo deste manual: os conceitos são aplicados em evolução!**

- Além dos quatro conceitos que apresentamos, existem importantes elementos que não podem faltar na diagramação de um jornal, são eles: o expediente, as legendas, os números das páginas, as notas, os créditos das fotos e ilustrações e as datas editoriais – ano de publicação, número do jornal, data e/ou mês e o ano da edição corrente.

RESUMO

Utilizando os quatro conceitos propostos e realizando um bom levantamento dos custos de produção, o seu jornal tem tudo para ser um sucesso! Caso seja a primeira vez que irá criar um projeto gráfico, aconselhamos: não tenha medo de errar. Estamos na era da editoração eletrônica e errar não custa quase nada, afinal, uma impressão a mais, outra a menos, não fará diferença no todo. Não se engane: não existe atalho quando lidamos com a criação de um projeto gráfico, mas sim processo.

- **ALINHAMENTO**: divida o espaço de projeto (a folha) em partes e crie a sua malha gráfica. Primeiro, as margens, depois, as colunas e, por último, as linhas guias.

O que evitar: margens muito pequenas. Se o texto for muito grande, edite-o, pois não vai valer a pena o aspecto "entulhado" que a página terá com uma margem pequena. Evite ainda criar muitas seções, para não confundir seu público-leitor.

- **PROXIMIDADE**: junte todas as informações a serem apresentadas e separe-as em grupos relacionados. Não deixe dúvidas quanto à relação dos elementos entre si.

  O que evitar: alinhar os elementos de forma centralizada (agrupada) no meio de seu espaço de projeto, porque este modelo é comum demais e desperta pouco interesse no leitor. Não use elementos muito separados no espaço de projeto, para não causar sensação de desorganização.

- **CONTRASTE**: aplique equilibradamente este conceito; testar as diferentes opções é a melhor maneira de descobrir que contraste funciona ou não em seu *layout*.

  O que evitar: se vai criar contrastes, faça-os de maneira forte. Evite contrastar uma linha pouco espessa com outra ligeiramente mais espessa. Também não dá para contrastar cores muito próximas ou fontes da mesma família.

- **REPETIÇÃO**: escolha um elemento "líder" para seu projeto. Depois escolha os demais elementos de forma a se harmonizarem com o elemento líder em forma e estilo, partilhando a mesma origem e remetendo a uma única ideia.

  O que evitar: o uso de repetições em demasia, para que o seu excesso não crie uma confusão visual. Que tal de duas a quatro repetições por projeto?

Não tenha medo de criar um projeto gráfico que seja seu, que seja único e que o represente. Afinal, você e o seu público-

-leitor têm algo em comum. Então, aproveite essa semelhança e siga os seus gostos. Não tenha medo de criar um jornal com muitos espaços em branco e sinta-se confiante para usar margens fartas. Não tenha medo se ser assimétrico, descentralize alguns elementos e valorize o seu projeto. Não tenha medo de usar fontes muito grandes ou muito pequenas e crie uma rica relação de contrastes. Não tenha medo das imagens fortes ou dos símbolos mínimos que apenas servem para dar uma bossa à página. Não tenha medo de experimentar sempre e ousar, quando possível!

SAIBA COMO AUMENTAR A SUA SENSIBILIDADE VISUAL

Veja. Crie um arquivo de ideias. Uma pasta ou até mesmo uma caixa onde você possa guardar designs que o impressionaram: anúncios, folhetos, imagens, letras, diagramações interessantes de fontes, embalagens, propagandas em geral, ou seja, qualquer coisa que mexa com algo dentro de você. Os designers costumam ter um arquivo como este e o utilizam como fonte de ideias e inspiração. Antes de começar um novo projeto, dê uma olhada no seu arquivo de ideias.

Diga. Ao observar um design do qual você goste, passe alguns minutos descrevendo os motivos de sua aprovação. Conscientemente, indique os pontos nos quais foram aplicados os princípios de proximidade, alinhamento, repetição e contraste. Anote em um papel ou grave mentalmente a técnica mais interessante e ousada que tenha sido aplicada, como algum tipo muito grande ou pequeno, um tratamento especial sobre uma imagem, espaçamento etc.

Faça um esboço. Quando se deparar com um material diagramado de maneira limitada, faça um esboço com algum aperfeiçoamento, ou recorte os elementos e reorganize-os. Quando realmente coloca o lápis sobre o papel, mais ideias surgem, o que não acontece com tanta ênfase se você simplesmente pensa a respeito. Nunca consegui imaginar como meus livros ficariam, até começar a produzi-los e ver tudo crescendo no papel (ou no monitor).

Robin Williams

REFERÊNCIAS BIBLIOGRÁFICAS

CALLADO, Ana Arruda e Estrada, Maria Ignez Duque. *Como se faz um jornal comunitário.* Petrópolis: Vozes, 1985. (Coleção FAZER, 16.)

CARTER, B. *Typographic Design – Form and Comunication.* New York: Van Nostrand Reinhold, 1990.

CARTER, R. *Work with computer type – Color & type.* USA/New York: Roto Vision, 1997.

CRAIG, James. *Produção gráfica.* São Paulo: Mosaico/Edusp, 1983.

DONDIS, D. A. *Sintaxe da liguagem visual.* São Paulo: Martins Fontes, 1991.

HALEY, A. *The ABC's of type – A guide to contemporary type-faces.* New York: Watson-Guptill Publication, 1990.

KOPPLIN, Elisa e FERRARETTO, Luiz Artur. *Assessoria de imprensa – Teoria e prática.* Porto Alegre: Sagra-DC Luzzatto, 1993.

KUNCZIC, Michael. *Conceitos de jornalismo.* São Paulo: Edusp, 1997.

LAGE, Nilson. *Estrutura da notícia.* São Paulo: Ática, 1985. (Série Princípios, 29.)

_____. *Linguagem jornalística.* São Paulo: Ática, 1985. (Série Princípios, 37.)

_____. *A reportagem;* teoria e técnica de entrevista e pesquisa jornalística. Rio de Janeiro: Record, 2001.

LIMA, Gerson Moreira. *Releasemania*. São Paulo: Summus, 1985.

LOPES, Boanerges. *O que é assessoria de imprensa*. São Paulo: Brasiliense, 1995. (Coleção Primeiros Passos, 287)

MANNARINO, Marcus Vinicius Rodrigues. *O papel do Webjornal*; veículo de comunicação e sistema de informação. Porto Alegre: EDIPUCRS, 2000. (Coleção Comunicação, 5.)

MANUAL DE ESTILO – Editora Abril. Rio de Janeiro: Nova Fronteira, 1990.

MELO, José Marques de. *A opinião no jornalismo brasileiro*. Petrópolis: Vozes, 1980.

NETO, M. C. *Manual de artes gráficas*. São Paulo: Editora Burtis, 1986.

NOBLAT, Ricardo. *A arte de fazer um jornal diário*. São Paulo: Contexto, 2002.

PARRAMÓN, J. M. *Publicidad – Técnica y prática*. Espanha, Barcelona: Instituto Parramón Ediciones, 1981.

PARKER, Roger C. *Diagramando com qualidade no computador*. Rio de Janeiro: Campus, 1995.

RIBEIRO, M. *Planejamento visual gráfico*. Brasília: Linha Gráfica e Editora, 1987.

ROSSI, Clóvis. *O que é jornalismo*. São Paulo: Brasiliense, 1981. (Coleção Primeiros Passos, 15.)

SHERWOOD, Hugh C. *A entrevista jornalística*. São Paulo: Mosaico, 1980.

SILVA, Rafael Souza. *Diagramação; o planejamento visual gráfico na comunicação impressa*. São Paulo: Summus, 1986.

SILVEIRA, Norberto. *Introdução às artes gráficas*. Porto Alegre: Sulinas ARI, 1985.

STRNUCK, G. *Identidade visual – A direção do olhar*. Rio de Janeiro: Editora Europa, 1989.

WHELAN, B. M. *Color Harmony – A guide to creative color combinations*. Massachusetts: Rockport Publishers, 1994.

_____. *Color harmony 2 – A guide to creative color combinations*. Massachusetts: Rockport Publishers, 1994.

WILLIAMS, R. *Design para quem não é designer*. Noções básicas de planejamento visual. São Paulo: Calis, 1995.

WHITE, J.V. *Color for de electronic age*. New York: Xerox Press Book, 1990.

Impresso na gráfica da
Pia Sociedade Filhas de São Paulo
Via Raposo Tavares, km 19,145
05577-300 - São Paulo, SP - Brasil - 2014